I0797485

TEXTES DE LA RENAISSANCE
27

Robert Garnier

Théâtre complet

Tome V

Cet ouvrage a été publié pour la première fois en 1999
dans la collection *Textes de la Renaissance* dirigée par Claude Blum.

Réimpression de l'édition de Paris, 1999.

Robert Garnier

Théâtre complet

Tome V

La Troade

Édition critique par Jean-Dominique Beaudin

PARIS
CLASSIQUES GARNIER
2018

Jean-Dominique Beaudin, agrégé de grammaire, est un spécialiste de la tragédie française du XVIe siècle.

ISBN 978-2-406-08428-0 (livre broché)
ISBN 978-2-8124-5892-7 (livre relié)
ISSN 2105-9950

INTRODUCTION

La première édition de *La Troade*, cinquième tragédie de Robert Garnier, paraît en 1579, c'est-à-dire un an après *Marc-Antoine* et un an avant *Antigone*. Raymond Lebègue signale que la pièce a été très probablement représentée en 1581, sous le titre de *Polydore*, par des collégiens ambulants à Saint-Maixent.[1] Marie-Madeleine Mouflard[2] place le début de la rédaction de l'œuvre vers 1574-1575. C'est sans doute à cette époque que Garnier fit lire quelques extraits de ce qu'il avait déjà composé à Renaud de Beaune, alors évêque de Mende, ainsi qu'en témoigne la dédicace:

> Je vous ay presenté, Monseigneur, un eschantillon de ceste Tragedie, n'estant encore demy ébauchee (...)

Pour la deuxième fois, le poète choisit un thème de la mythologie grecque, de laquelle il s'était inspiré dans *Hippolyte*, six ans auparavant, en 1573. Mais, fait sans précédent dans sa carrière, il emprunte autant à Euripide qu'à Sénèque. Si l'auteur des *Troades* fournit la matière du début du premier acte, de tout le deuxième acte, de deux passages du troisième acte et de la presque totalité du quatrième acte, *Les Troyennes* et l'*Hécube* d'Euripide inspirent le reste de la pièce. *Les Troyennes* sont à l'origine du dialogue entre Talthybie, Hécube et Cassandre, ainsi que du chœur final, au premier acte, tandis qu'*Hécube* offre à Garnier de quoi nourrir l'essentiel du troisième acte et le cinquième. C'est donc sur le procédé de la contamination que repose l'action de ce drame. Ce qui en fait l'unité, c'est l'accumulation tragique des malheurs qui s'abattent sur les Troyens (défaite, captivité, morts d'Astyanax, de Polyxène et de Polydore) et qui provoquent des situations de plus en plus pathétiques. Le personnage central, Hécube, occupe la scène pendant la plus grande partie du spectacle et il devient la figure exemplaire du malheur. La vengeance des captives sur la personne de Polymestor,

1 Edition de *La Troade*, p. 251.

2 *Robert Garnier*, tome I, chapitre XV et tome II, p. 40.

meurtrier de Polydore, clôt la tragédie en donnant au spectateur le sentiment d'un châtiment mérité, quoique l'assassinat des enfants innocents du coupable soit ressenti comme un acte de cruauté aussi injustifié que les meurtres d'Astyanax et de Polyxène, commis par les Grecs.

Car l'œuvre possède une valeur morale évidente. Les Troyens, bien que vaincus, inspirent la sympathie: d'abord, la Fortune pourrait tout aussi bien atteindre les Grecs[1], et Agamemnon, en le soulignant, place la clémence du vainqueur parmi les devoirs éminents des monarques humains et généreux; ensuite, selon Cassandre, la guerre des Troyens était juste, puisque les sujets de Priam défendaient leur cité; enfin, les habitants d'Ilion sont victimes de la perfidie, de la ruse, de la déloyauté: le stratagème du cheval de bois y est fermement condamné, de même que la félonie cupide et criminelle de Polymestor: Agamemnon reconnaîtra que ce dernier méritait d'être puni. On voit dès lors la portée de la tragédie: sont dénoncées la cruauté et l'avidité, trop fréquentes dans la période sanglante au cours de laquelle fut composée *La Troade*. La destruction de Troie par l'ennemi et le supplice d'Astyanax rappellent les atrocités commises dans les guerres de religion. E. Forsyth établit un lien avec le comportement de certains chefs militaires:

> Garnier va viser directement les tyranneaux de la guerre qui, tel le baron des Adrets, n'hésitaient pas, en saccageant une ville capturée, à massacrer ses habitants ou à précipiter du haut d'une tour, pour satisfaire leur rancune ou pour venger quelque tort commis par l'adversaire, une cinquantaine de personnes innocentes. (*La Tragédie française de Jodelle à Corneille –1553-1640– Le thème de la vengeance*, pp. 206-207)

La dédicace est adressée à Renaud de Beaune, évêque de Mende en 1579, archevêque de Bourges en 1585, lors de la dernière édition publiée du vivant de Garnier: le prélat devait, quelques années plus tard, se montrer partisan de la réconciliation nationale et se donner pour but, à la mort d'Henri III, de rallier le haut clergé à l'héritier

[1] Voir la mise en garde d'Andromaque à Ulysse, visant à le fléchir:

> *Et d'autant que les Dieux vous elevent bien haut,*
> *Soyez benin à ceux que le malheur assaut:*
> *Estimant que du sort la main est variable,*
> *Qui vous peut, comme à nous, estre un jour dommageable.* (1019-22)

protestant de la couronne, Henri de Navarre, tout en pressant ce dernier de se convertir définitivement au catholicisme. Le poète indique nettement le lien entre son sujet et la situation quotidienne des Français de son temps:

> Je sçay qu'il n'est genre de Poëmes moins agreable que cestuy-cy, qui ne represente que les malheurs lamentables des Princes, avec les saccagemens des peuples. Mais aussi les passions de tels sujets nous sont ja si ordinaires, que les exemples anciens nous devront doresnavant servir de consolation en nos particuliers et domestiques encombres.

Au milieu des atrocités permanentes des guerres civiles, «l'idée de respecter l'adversaire finit par se frayer lentement un chemin dans les consciences.»[1]. Ainsi peut s'expliquer l'appel à la retenue et à la clémence que Garnier lance par la voix d'Agamemnon. La scène qui l'oppose à Pyrrhus, partisan du sacrifice de Polyxène, confronte deux tempéraments princiers: l'Agamemnon de Garnier, proche de celui de Sénèque, est modéré, patriote sans barbarie et sans fanatisme, «juste et clément...idéalisé, [représenté] dans l'exercice de ses deux fonctions royales: le commandement et la justice. Le discours par lequel il exprime...son refus manifeste toutes les vertus royales: clémence, modestie, horreur du sang versé.»[2]; au contraire, Pyrrhus, que Virgile avait présenté comme sanguinaire et odieux, fait preuve de mépris, d'insolence, de cruauté en face d'Agamemnon; toutefois, en présence des captives, il leur parle avec respect et ne se montre pas insensible à leur douleur. M.-M. Mouflard, pour résoudre la contradiction entre ses deux attitudes successsives, propose l'explication psychologique suivante:

> Les vertus royales peuvent s'éveiller en lui devant le malheur d'une reine et son attitude devant Hécube peut être une forme de regret. Sa cruauté envers Priam, son insubordination seraient des défauts de

---

1 M. Pernot, *Les Guerres de religion*, p.318. L'auteur explique aussi (p. 92) que la Saint-Barthélémy «a renforcé dans leur conviction ceux qui plaçaient le souci de l'Etat au-dessus des querelles religieuses et qu'on appelle, pour cette raison, les *politiques*.» On assiste, dans les années où Garnier compose sa pièce à une «décomposition de l'Etat monarchique» (*id.*, pp. 93-96). Or, dans *La Troade*, les Troyennes rêvent, après leur défaite, d'assister un jour à la reconstitution de leur pays. Le message est destiné aux Français, nous le verrons plus loin.

2 M.-M. Mouflard, *op. cit.*, tome II, p. 223.

> jeunesse et, de ce point de vue, Pyrrhe pourrait rappeler les deux responsables de la Saint Barthélémy: Charles IX, et Henri III, qui regrettait la part qu'il y avait prise. (*op. cit.*, tome II, p. 224)

Sur le plan politique, un débat est esquissé au deuxième acte, celui de la raison d'Etat, lorsqu'elle entre en conflit avec la pitié et l'humanité. Ulysse, le diplomate, et Andromaque, la mère, opposent leurs arguments. La justice publique n'est pas toujours compatible avec la justice privée. La raison d'Etat l'emportera, mais Garnier ne cache pas son émotion devant la cruauté qui consiste à assassiner un enfant innocent. La sympathie marquée pour les vaincus tout au long du drame est assez significative. Même approbation, de sa part, pour la tendresse familiale (amour conjugal, filial, maternel) et pour les liens du sang: il en tire d'ailleurs de poignants effets. Hécube et Andromaque incarnent la fidélité à l'époux défunt et la grandeur de l'instinct maternel. Ajoutons que pour les contemporains de Catherine de Médicis, Hécube est aussi «la reine-mère et la régente.»[1]

Mais la portée de la pièce est encore à envisager d'un autre point de vue: au seizième siècle, un mythe[2] a connu une large fortune, celui des origines troyennes du peuple français. Dès le quinzième siècle, ressurgit la vieille légende[3] d'une possible installation en Gaule par des Troyens, conduits par Francion (ou encore Francus), qui n'était autre qu'Astyanax sous un nom nouveau. Au début du siècle suivant, Jean Lemaire de Belges affirme, dans les *Illustrations de la Gaule et singularitez de Troie*, que les Germains et les Gaulois ont une commune origine troyenne, que la noblesse d'Ilion a occupé l'Europe après la chute de Troie et que Francus, fils du valeureux Hector, prince du sang, héritier du roi Priam, est devenu roi de Gaule, avant de

---

1 M.-M. Mouflard, *op. cit.*, t. II, p. 227.

2 Cette légende fut un certain temps considérée comme de l'histoire véritable. Toutefois, à l'époque de Ronsard et de Garnier, elle semble loin de faire l'unanimité: «Depuis longtemps, il est vrai, les historiens sérieux rivalisaient de sévérité à son égard.» (*Notice sur la Franciade*, in *Œuvres complètes de Ronsard*, Bibl. de la Pléiade, Paris, Gallimard, 1993, tome I, p. 1606)

3 D'après Claude-Gilbert Dubois, *Celtes et Gaulois au XVI° siècle*, p.23, note 1, c'est le succès d'un roman du XII° siècle, *le Roman de Troie*, de Benoît de Sainte-Maure, qui «constitue la base littéraire de cette orientation.» Mais, précise-t-il, «la légende des origines troyennes des Francs est de toute manière antérieure au roman.» Une chronique mérovingienne était à la source de la légende d'un Francus ancêtre des rois de France et fondateur de la nation française.

s'installer également en Pannonie. Claude-Gilbert Dubois, dans son livre intitulé *Celtes et Gaulois au XVIe siècle*, a bien mis en lumière la portée nationaliste du mythe des sources troyennes de la France, qui trouve son plein épanouissement à partir du moment où

> la France est assez développée pour se libérer de la tutelle spirituelle de ses ancêtres, les Grecs et les Romains, et revendiquer sa propre culture. (p. 41) (...) La Gaule apparaît (...) non comme un pays des songes ou des songe-creux, mais comme un des éléments importants de l'histoire réelle de l'humanité. (...) L'histoire de la Gaule se révèle avoir essentiellement des fondements d'ordre psychologique et répondre aux aspirations profondes de la conscience ou de l'inconscient national (...) C'est pourquoi nous avons assimilé ces études à des fragments de mythologie nationaliste plutôt qu'à des recherches historiques. La quête des origines de la France et la rencontre des Gaulois rejoignent le rêve mégalomaniaque d'un retour au pays doré, la découverte d'un «vieux titre d'honneur» oublié (...) c'est une manière d'exprimer symboliquement des revendications qui appartiennent à un temps précis, et des aspirations en relation directe avec l'actualité historique et politique. (...) On peut relever l'importance attachée à la manie aristocratique des généalogies. Se fonder en histoire revient à se fonder en droit. (*op. cit.*, p. 17-18)

Or, ce souci de la filiation par le sang, surtout quand il s'agit du sang royal, se manifeste clairement dans *La Troade*: c'est le sentiment d'appartenir à un rang princier qui donne à Cassandre, à Polyxène et même au tout petit Astyanax le courage d'affronter la mort. Le fils d'Hector a déjà en lui toute la bravoure qui pourrait faire de lui le digne héritier de son père et de son grand-père:

> Ainsi ce jeune enfant coléré de se voir
> Entre ses ennemis, sujet à leur pouvoir,
> Monstroit dessur le front le despit de son ame:
> De ses deux yeux sortoit une brillante flame
> D'outrageuse rancœur, et la ferocité
> De son pere luisoit en son front irrité. (1907-12)

Le lien de la pièce avec l'idéologie nationaliste du temps ne surprend pas si l'on songe que Garnier a toujours éprouvé la nécessité de lier son théâtre aux préoccupations politiques contemporaines:

> Un Robert Garnier projette (les) problèmes contemporains dans un cadre historique distant, où se reconnaît à chaque instant la marque des temps présents. (Cl.-G. Dubois, *op. cit.*, p. 98)

Ronsard, dans les *Quatre premiers livres de la Franciade*, imagine une Gaule déserte peuplée par des Troyens exilés après la chute de leur ville: leur chef est Francus, c'est-à-dire Astyanax, fils d'Hector et d'Andromaque, ayant, par l'intervention miraculeuse de Jupiter, échappé à la mort: le dieu l'a dérobé aux Grecs et lui a substitué un double:

> (...) tout soudain voici
> Pyrrhe venir, qui ravit tout ainsi
> L'image feint hors des bras de la mere,
> Qu'un loup le fan d'une biche legere.
> Il le porta sur le haut d'une tour,
> D'où le rouant et tournant de maint tour
> En tourbillons, d'un bras armé le rue
> Pied contre-mont au travers de la rue.
> Ainsi tomba par trançons decoupé
> Le vain abus dont le Grec fut trompé:
> Car Francus vit et maugré toute envie
> De ses poumons va respirant la vie
> Dedans Buthrote, en ces champs où la vois
> Vit prophetique és chesnes Dodonois,
> Pres Helenin et sa mere Andromache
> Qui sans honneur par les tourbes le cache. (I, 131-146).

On relève dans *La Troade* des allusions à cette fable des origines troyennes. Garnier parle ouvertement, dans la dédicace, de *nos ancestres Troyens*. Le devin Helenos, fils de Priam, qui jouait un rôle important dans l'épopée ronsardienne, semble pressentir, chez Garnier, le salut miraculeux d'Astyanax:

> Plusieurs se sont sauvez d'une mort poursuivie,
> Se feignans estre morts, bien qu'ils fussent en vie. (701-702)

Or, aucune des sources de Garnier ne met en scène le personnage d'Hélénos: ni Euripide, ni Sénèque n'ont songé à ce frère jumeau de Cassandre. Chez le tragique latin, c'est un vieillard anonyme qui tient le rôle: Garnier le remplace par le devin troyen, ce qui n'a pas manqué d'intriguer la critique. Cette substitution paraît pourtant cohérente et révélatrice, puisqu'en introduisant Hélénos, le poète se situe délibérément dans le sillage de *La Franciade*. Il opère une sorte de fusion entre une tradition antique imposée et une tradition française nationale librement adoptée.

Astyanax, à plusieurs reprises, apparaîtra comme l'espoir de la race troyenne, comme celui qui pourrait un jour relever Ilion de ses cendres. C'est ce qu'Hector révèle à Andromaque, quand il lui apparaît en songe:

> Levez-vous vistement, ma chere ame, et cachez
> Nostre petit enfant, hastez-vous, depeschez,
> Destournez quelque part *l'espoir de nostre race*. (655-57)

Andromaque se berce alors d'illusions:

> O mon fils engendré d'un pere genereux,
> L'unique reconfort des Troyens malheureux,
> *Le germe d'une race antique et venerable*,
> Qu'à vostre geniteur vous estes bien semblable! (...)
> O mon fils, mon cher fils, verray-je point le jour
> Que, reparant l'honneur de ce natal sejour,
> Vous redressez les tours et les palais antiques
> Du flambant Ilion, les Pergames Troïques?
> Verray-je point le temps que nos peuples espars
> Vous r'assemblez, leur Roy, dedans nouveaux rempars,
> *Que la gloire et le nom ressusciter je voye*
> Par vos armes, mon fils, *d'une nouvelle Troye*? (663 sq.)

Les propos tenus doivent être interprétés comme un appel voilé: Troie (traduisons «La France », descendance de Pergame) peut et doit renaître; c'est du moins ce que souhaite le poète; la France est en ruines à cause des guerres civiles, mais les Français peuvent la ressusciter. Tel est, semble-t-il, le message souterrain de la pièce et l'auteur paraît le déclarer presque ouvertement à la fin de la dédicace: si les descendants des Troyens ont pu bâtir la monarchie française sur les ruines de l'empire romain, pourquoi les Français n'auraient-ils pas la force de faire revivre cette même monarchie à partir de la désolation présente? Garnier formule le vœu d'*une nouvelle* France, image de la *nouvelle Troye* rêvée par l'épouse du défunt Hector:

> (...) toutefois du reste de si miserables et dernieres ruines s'est peu bastir, apres le decez de l'orgueilleux Empire Romain, ceste tres-florissante Monarchie.

Ainsi s'éclaire le paradoxe soutenu par Cassandre (vers 374-424): bien que vaincus, les Troyens sont supérieurs aux Grecs. Il faut comprendre: malgré tous leurs échecs et leurs malheurs, les Français peuvent prétendre se relever et occuper la première place.

Garnier, sans aller jusqu'à évoquer explicitement la substitution merveilleuse que Ronsard proposait, laisse toutefois planer un doute sur l'identification du corps d'Astyanax, que le messager déclare méconnaissable, ce qui ouvre la voie à une interprétation conforme à la tradition française de la légende, ou, pour le moins, maintient le spectateur dans l'indécision:

> Son corps est tout froissé, tout moulu, écaché (...)
> Si qu'il ne semble plus qu'une difforme masse
> Confuse de tout poinct, sans trait d'humaine face
> Ny d'humaine figure, et puis le sang, qui l'oint,
> Fait qu'en levant un membre *on ne le cognoist point.* (1939 sq.)

Et Hector, apparaissant en songe à Andromaque, lui laisse espérer la revanche de Troie:

> Levez-vous vistement, ma chere ame, et cachez
> Nostre petit enfant, hastez-vous, depeschez,
> *Destournez quelque part l'espoir de nostre race.* (655-57)

Le titre de la tragédie, *La Troade*, et non pas *Les Troyennes*, comme on était en droit de s'y attendre, n'est-il d'ailleurs pas un hommage direct rendu à l'épopée ronsardienne, *La Franciade*, publiée sept ans auparavant? On peut voir aussi dans l'emploi du suffixe *-ade* un souvenir de la *Galliade* de Guy Le Fèvre de La Boderie, parue en 1578, donc un an avant notre pièce. L'auteur de cet ouvrage explique ainsi le titre choisi:

> J'emprunte l'étymologie, et deduction de Galliade du verbe Hebrieu Galal, qui signifie Reployer et retourner; et pourtant j'ay divisé et distingué l'Œuvre entier en cinq Cercles au reply desquels j'ay mis peine d'encercler brevement l'origine, progrez et perfection qu'ont

> acquis les bonnes lettres au cours des siècles, presque par tout le rond de la terre, et nommément en nostre Gaule.

Cl.-G. Dubois, citant ce passage, le commente ainsi:

> L'archéologie d'un mot (...) permet (à Le Fèvre de La Boderie) de remonter aux origines des temps et d'écouter le chant épique que le tournoiement des cercles de l'histoire fait entendre à ses oreilles d'initié. (...) (Il fonde) une mythologie de l'Empire universel des Gaulois. (...) Le terme de *Galliade* est lui-même ambigu, et évoque une épopée de la Gaule (...) La Gaule a été la première demeure des arts: ainsi se justifie le rayonnement culturel de la France moderne. La première demeure est aussi la dernière (...) Par conséquent, la France apparaît comme la légataire universelle de tout le savoir mondial: non seulement la science y a trouvé son premier lieu d'élection, mais, y revenant après un long voyage, elle apporte avec elle l'expérience des siècles et des pays étrangers. (*op. cit.*, p. 85)

Si l'on pense que l'année même où *La Troade* voit le jour (1579), Etienne Faradel publie un *De Gallorum Imperio*, «somme et par conséquent témoignage neutre sur le contenu et la matière du mythe celtique dans la deuxième moitié du siècle»[1], on se rend aisément compte que Garnier compose son drame dans une période où l'on s'intéresse de près aux origines prétendument celtiques du royaume de France et de la culture française.

Le goût de la Renaissance pour la poésie homérique et la littérature qui en est issue explique aussi le choix que Garnier a fait du thème de la guerre de Troie: nombreuses sont à cette époque les éditions et les traductions d'Homère et d'Euripide. L'*Hécube* fut traduite en français par Guillaume Bochetel (1550) et en latin par Erasme (1524);[2] Gasparus Stiblinus publia à Bâle (1562) une édition gréco-latine d'Euripide. Jacques Millet avait consacré, au milieu du siècle précédent, en 1454, un drame à la *Destruction de Troie*, long mystère qui eut un immense succès. On trouve dans la pièce de Garnier de multiples allusions à des épisodes de l'*Iliade*.[3]

---

1 Cf. Cl.-G. Dubois, *op. cit.*, p. 90.

2 Henri Estienne publie en 1567 des *Tragoediae selectae* en deux volumes: dans le premier, se trouve, parmi d'autres traductions de pièces grecques en vers latins, celle d'Erasme.

3 Consulter les notes placées à la suite du texte de la pièce.

Une autre raison a pu influencer Garnier dans le choix de son sujet: le personnage d'Hécube n'était pas sans rapport avec Catherine de Médicis. Comme la veuve de Priam, la reine avait vu son époux Henri II périr accidentellement et elle avait perdu deux fils (François II et Charles IX) et deux filles (la reine d'Espagne et la duchesse de Lorraine). Les contemporains devaient sentir le parallèle lorsqu'à la fin de la pièce, la reine de Troie récapitule ses deuils (voir notamment les vers 2623-24 et 2641 sq.).

Garnier a discerné dans le personnage le modèle du malheur accompli et le symbole de la mort d'un peuple. Dès le début, la reine souligne la valeur emblématique de sa destinée: étroitement associée à la chute de la ville dont elle était la souveraine, elle s'adresse à qui voudra contempler l'incendie de Troie et en tirer des conclusions sur le caractère éphémère de la gloire:

> Quiconque au fresle bien des Royaumes se fonde,
> Et qui dans un palais, superbe, commandant,
> Le desastre ne craint sur sa teste pendant:
> Qui credule se donne à la Fortune feinte,
> Qui des volages dieux, des dieux legers n'a crainte,
> Me vienne voir chetive, ô Troye! et vienne voir
> En cendres la grandeur que tu soulois avoir:
> Nous vienne voir, ô Troye! ô Troye! et qu'il contemple
> L'instable changement du monde, *à nostre exemple.* (1-10)

Le malheur troyen atteint, de ce point de vue, une limite indépassable:

> *Jamais* le sort muable à mortels ne s'est tant
> Qu'à nous peuple Troyen, fait cognoistre inconstant:
> Fait cognoistre le flux des fortunes humaines,
> Et comme de nos mains elles coulent soudaines (11-14)

La leçon tirée des événements est empruntée à la sagesse antique, mais elle doit aussi beaucoup à la philosophie des Ecritures saintes:

> Verti me ad aliud, et vidi sub sole
> Nec velocium esse cursum,
> Nec fortium bellum,
> Nec sapientium panem,
> Nec doctorum divitias,
> Nec artificum gratiam;
> *Sed tempus casumque in omnibus.*

> *Nescit homo finem suum;*
> Sed sicut pisces capiuntur hamo,
> Et sicut aves laqueo comprehenduntur,
> *Sic capiuntur homines in tempore malo,*
> *Cum eius extemplo supervenerit.* (*Ecclésiaste*, IX, 11-12)

Si le paroxysme de la douleur semble atteint dès le monologue protatique, il sera constamment dépassé: le drame repose donc sur un paradoxe. Cassandre, promise à la virginité sacrée, sera soumise à son vainqueur, Agamemnon, et devra cesser de servir Apollon, pour devenir la concubine du roi de Mycènes et d'Argos. La veuve de Priam verra encore périr deux de ses enfants, sa fille Polyxène et son fils Polydore. Elle devra entendre le pénible récit de la mort de son petit-fils Astyanax, le fils d'Hector et d'Andromaque. C'est lorsqu'elle pense être parvenue au plus haut degré de l'infortune (au IV° acte, après la mort de Polyxène) qu'elle reçoit la nouvelle de la mort du petit Polydore. Garnier joue de l'effet de surprise. La longue série des événements funestes semblait close: là réside le tragique de *La Troade*, autant que dans le contraste entre la grandeur passée et l'anéantissement présent. Le destin semble refuser de mettre un terme à sa cruauté et s'acharne sur les captives. C'est aux lamentations et aux imprécations les plus violentes que succède la nouvelle du dernier meurtre:

> Ma fille est immolee, Astyanax est mort:
> La guerre est achevee, où est-ce, helas où est-ce
> Que je dois employer ce reste de vieillesse?
> Qui doy-je lamenter? sera-ce mon espoux,
> Ma fille, mon païs, Astyanax, ou vous,
> Ou moy, ou tous ensemble? ô Parque, je t'appelle (...)
> Or vous, Grecs frauduleux (...)
> Puisse pour nous venger de vos lasches parjures,
> Neptun vous travailler d'horribles avantures (...) (2166 sq.)

Lorsque le chœur annonce la mort de Polydore, on assiste à un crescendo rhétorique: la fureur d'Hécube ne connaît plus de limites et elle l'exprime avec une emphase sénéquienne:

> O Phlegethon, Erebe, Acheron tristes fleuves,
> O larvales maisons de toute joye veufves!
> O monstres des Enfers! ô Megere, Alecton,

Dires, Rages, Horreurs, ministres de Pluton,
A ceste heure à ceste heure ouvrez vostre caverne
Et m'engouffrez vivante au plus creux de l'Averne. (2215-20).

Ainsi la rhétorique (en particulier celle de l'accumulation et de l'hyperbole) traduit-elle les sentiments des personnages et la cruauté du destin. La tragédie atteint là son ἀκμή.[1] Devant cette situation sans issue, il ne reste plus aux captives que les lamentations ou l'espoir chimérique d'une revanche.

L'importance des plaintes funèbres donne à cette tragédie sa tonalité incantatoire et élégiaque. La première source du pathétique réside dans le rappel des événements passés: par exemple, l'évocation par Hécube de la mort de Priam (75-106), largement développée par rapport au modèle fourni par Sénèque. Garnier a ajouté une invocation à la Parque; il amplifie l'idée brièvement exposée par le poète latin: le roi défunt a été privé de funérailles. Le passage commence par la répétition de *j'ay veu*, procédé lié à la figure de l'hypotypose, fréquente dans les récits propres à soulever l'émotion. La répétition scande le discours élégiaque, et lui donne sa musicalité:

Las! *je l'ay veu* meurtrir, Dieux! ce penser m'affole,
Et dedans le gosier m'arreste la parole.
J'ay veu, j'ay veu chetive, au saint autel des Dieux,
Le jeune Pelean occire furieux
Le monarque d'Asie, et sa mortelle espee
Dedans le tiede sang de sa gorge trempee.
En vain de Jupiter l'image il embrassa,
Et pour avoir secours sa voix il addressa:
En vain palle et tremblante aux piés de ce Pelide
J'opposay ma poitrine à son glaive homicide,
Pour recevoir le coup de sa barbare main,
Pour recevoir l'effort de son glaive inhumain. (...)
Mourant *je l'embrassay, j'embrassay mon espoux*,
M'arrachant les cheveux, me martellant de coups. (...)
Il ne me fut permis de faire un plus long dueil,
Il ne me fut permis de le mettre au cercueil,
Il ne me fut permis de clorre ses paupieres,
Et de dire sur luy les paroles dernieres... (73 sq.)

[1] Jean de La Taille écrivait dans son *Art de la Tragedie* (1572): «[Le] vray subject [de la tragédie] ne traicte que de piteuses ruines des grands Seigneurs, que des inconstances de Fortune, que bannissementz, guerres, pestes, famines, captivitez, execrables cruautez des Tyrans.» (éd. E. Forsyth, pp. 3-4)

Hécube recourt à la même figure lorsqu'elle fait cesser les plaintes de ses compagnes:

Cessez, filles, *cessez* vos langoureuses plaintes,
Estouffez les soupirs de vos ames contraintes,
Laissez laissez vos pleurs, vos gemissables pleurs,
Laissez vos tristes chants, et les tournez ailleurs.
Le destin de Priam ne semble lamentable,
Le destin de Priam ne luy est miserable,
Priam est bien-heureux, qui bornant son ennuy,
Vieil a veu trebucher son royaume avec luy. (257-65)

Garnier exploite à fond toutes les ressources de la versification, notamment dans les déplorations du chœur. La variété des mètres et des systèmes strophiques montre à quel point le poète soignait ses parties lyriques. Les captives expriment leur désespoir en soulignant la continuité de leurs malheurs. Le rythme léger de l'heptasyllabe et la fluidité de la phrase rendent la grâce des mouvements:

Nous ne sommes pas nouvelles
A lamenter nos malheurs,
Nous avons continuelles
Depuis espandu des pleurs,
Que la navire Troyenne,
Arbre à Cybele sacré,
Pour nostre mal eut ancré
Sur la rive Amycleanne. (125-32)

La reine invite les Troyennes à chanter leurs regrets en les accompagnant de gestes émouvants et spectaculaires[1]:

Sus donc, compagnes fideles
De nos malheurs, déliez
Déliez les tresses belles
De vos cheveux deliez:
Qu'à val vostre col d'ivoire
Ils tombent esparpillez,
Et larmoyant les souillez
Dedans ceste poudre noire. (157-64)

---

1 On se trouve en présence de préoccupations semblables lorsqu'Andromaque multiplie les gestes de supplication à l'égard d'Ulysse, en y faisant ouvertement participer son fils (vers 1037 sq.)

Et les descriptions qui suivent donnent, comme tout ce qui précède, de nettes indications scéniques:

> Nos perruques destachees
> De leurs cordons, vont mouvant
> Sur nostre dos espanchees,
> Comme ondes au gré du vent:
> Nous allons leur blonde soye
> Et nos fronts deshonnorant
> De cendres, le demeurant
> De nostre defuncte Troye. (181-88)

Le lyrisme élégiaque se traduit par des formes souvent originales. Le chœur intercalaire qui sépare le deuxième acte du troisième est bâti sur une alternance strophique (un septain d'octosyllabes, suivi d'un septain d'heptasyllabes) et rappelle, *mutatis mutandis*, l'alternance métrique qui caractérise le distique élégiaque latin. Un autre type d'alternance se situe à la fin du troisième acte. Renonçant cette fois-ci à la forme strophique, Garnier fait parler le chœur en vers à rimes croisées, où alternent un alexandrin à rime féminine et un hexasyllabe à rime masculine: on peut encore penser au distique élégiaque, encore que Garnier imite ici une ode d'Horace, fondée sur la combinaison alternée d'un glyconique avec un asclépiade mineur. Ce caractère élégiaque de la tragédie humaniste a été maintes fois souligné. Il n'efface pourtant pas le tragique, il le met plutôt en valeur. Les dangers de la navigation exposés dans le chœur dont nous venons de parler symbolisent les vicissitudes de la destinée d'Ilion. Les légendes passées illustrent les pièges de la mer, les ravages causés par l'amour, l'ambition, le goût de la conquête et de la guerre, en somme par les passions destructrices. Le premier qui conçut le dessein de tenter l'aventure sur mer fut mal inspiré, car il déclencha ainsi toutes sortes de maux:

> L'ame fut de celuy mechantement hardie,
> Hardie à nostre mal,
> Qui vogua le premier sur la mer assourdie
> Et son flot inegal. (1745-48).

C'est d'abord l'appât du gain qui le pousse à braver l'incertitude des flots. Les hommes auraient d'ailleurs dû respecter la séparation entre la terre et la mer, opérée par Jupiter. Mais l'*avarice* les a amenés à quitter le domaine qui leur avait été assigné par le père des dieux et des hommes. Si ces derniers s'étaient contentés de labourer la terre au lieu de se risquer sur une mer perfide, leur destinée eût été moins funeste (vers 1773-84). Or, c'est par mer que Pâris a amené Hélène, transportant sur son navire une terrible force de destruction, le feu de la passion amoureuse et adultère, responsable de la guerre et qui deviendra la flamme funeste de l'incendie de Troie:

Puis nostre beau Paris de voiles et de rames
Fendit l'onde à son tour:
Mais au lieu de toison *il apporta les flames*
D'une adultere amour.
La Grece repassa la mer acheminee,
Apportant le brandon
Qui vient d'enflamber Troye, et l'ardeur obstinee
Du feu de Cupidon. (1797-1804)

Les méditations lyriques mettent donc en évidence la leçon tragique du drame. Il en est une autre, amplement développée dans l'ensemble de la pièce, c'est la condamnation de toute déloyauté. Pâris et Hélène ont commis un adultère, fatal aux deux peuples, et surtout aux Troyens. Hélène aurait cent fois plus que l'innocente Polyxène mérité la mort (1563-70). L'armée grecque n'est pas non plus exempte de perfidie: la ruse du cheval de bois en témoigne. Polymestor a non seulement manqué à sa parole, mais s'est montré d'une sauvagerie sanguinaire en faisant tuer le petit Polydore. Aussi Hécube pense-t-elle que la vengeance est légitime, et, pour y parvenir, elle aura elle-même recours à la ruse. Les malheurs qui attendent les Grecs seront leur punition, et Cassandre se laisse aller à imaginer que, parce qu'elle les prédit, elle en est elle-même la cause:

Consolez-vous, Madame: Helene l'adultere
N'a tant à nostre race apporté de misere,
De meurtres et d'horreurs en si grande foison,
Que *j'en iray combler* d'Atride la maison.
Esgorger je feray le prince de Mycenes
Dans son propre palais, et ressentir les peines
De mon vieil geniteur, que les sanglantes mains
Des Grecs ont massacré dans ses Penates saints.
Esgorger je feray (j'en saute d'allegresse)

> Le grand Agamemnon, monarque de la Grece,
> Par sa femme impudique, et l'homicide dol
> Du fils Thyestean, son adultere mol.
> *Je seray vengeresse* et du sang de mes freres,
> Et du sang de Priam, contre leurs adversaires. (321-34)

Polymestor, lui, sera châtié directement, par Hécube et ses compagnes. Le thème de la vengeance permet à Garnier de dévoiler le cycle infernal des actes de violence et des représailles. Il vise en cela la fureur des guerres civiles. L'action repose sur ce processus indéfiniment renouvelé. Hécube se trouve au centre de cette dialectique de la violence et de la vengeance, de la défaite et de la dignité retrouvée. Voilà pourquoi elle ouvre et clôt la pièce: jusqu'au terme, elle aura symbolisé à la fois le désastre et l'honneur de son peuple; elle reprend en fin de compte l'initiative de la revanche; celle-ci n'est, il est vrai, qu'ébauchée, mais elle connaîtra des prolongements historiques, conformément aux imprécations prémonitoires qu'elle lance aux Grecs au quatrième acte et qui préfigurent les guerres médiques, au cours desquelles les armées orientales envahiront le territoire des anciens ennemis de Troie:

> Qu'il vienne quelque Roy, qui les peuples d'Asie
> Face marcher un jour dans la Grece saisie,
> Fourmillant plus espais pour revanger nos torts,
> Que ne sont les espics aux Gargariques bords,
> Le fueilles aux forests, l'arene qui poudroye
> Sur le bord Libyen où le Soleil blondoye.
> Que vos Citez de feux il destruise et de sang,
> Et nos calamitez sentiez à vostre rang:
> Bref, que si tost qu'aurez esloigné ceste rade
> Vous souffriez comme nous des maux une Iliade. (2203-2212)

On comprend ainsi pourquoi Garnier fait d'Hécube le personnage principal. Elle incarne le tragique et le pathétique, ainsi que la force de réaction au destin. Nous avons vu que le drame ne porte pourtant comme titre ni son nom, ni celui des Troyennes, mais qu'il s'intitule *La Troade*, écho probable de *La Franciade* et de l'*Iliade*. Garnier, indépendamment des préoccupations de propagande nationale, marque ici également le caractère collectif de la tragédie, ainsi que ses liens avec l'épopée. C'est que la perspective temporelle dépasse les limites de l'action qui se joue et que l'avenir, autant que le passé, s'y trouvent évoqués. C'est l'ensemble des relations entre Grecs et Troyens[1] qui forme l'arrière-plan scénique: d'où les espoirs de revanche si souvent rêvés par les captives, d'où l'importance des personnages défunts dans le drame, qui continuent à agir sur les vivants (l'Ombre d'Achille, les fantômes de Priam et d'Hector), d'où l'interrogation finale sur le rôle de la Providence qui semble tarder à intervenir (2661-66).

Hécube assure également l'unité d'une œuvre très chargée (2666 vers), où Garnier combine des sources variées. Son rôle est aussi important que le sera celui de l'héroïne de l'*Antigone* (1580). On verra Antigone prendre de plus en plus de poids au fur et à mesure que l'action progressera, mais elle périra au quatrième acte, tandis qu'Hécube occupe du début à la fin de la pièce une place primordiale, même si elle demeure impuissante à conjurer les coups du sort. Elle reste sur la scène tout au long de la tragédie; elle est toutefois probablement absente au deuxième acte, où elle ne prononce aucune réplique. En revanche, au premier acte, près de la moitié du texte lui est réservé. Euripide, dans *Hécube* et les *Troyennes*, «avait particulièrement étudié la dégradation que produit la condition d'esclave...Garnier, sous l'influence des Stoïciens, met en relief les divers moyens de refuser la déchéance et de subir l'esclavage sans être diminué.»[2]

Une reine déchue, frappée par la perte d'un époux et de la plupart de ses enfants, offrait, nous l'avons dit, un spectacle pathétique de choix. On sait que les personnages des tragédies françaises de la Renaissance ne sont pas des *caractères* comme le seront ceux de la tragédie classique. Ce sont des types, et Hécube est ici le type de la souveraine qui a tout perdu, et qui pourtant va perdre toujours davantage, paradoxe tragique déjà mis en évidence. L'action ne peut donc reposer sur le conflit des passions. Commencée non seulement *in medias res*, mais encore le plus près possible d'une catastrophe qui ne fera que confirmer impitoyablement, et en l'aggravant, le tragique de départ, elle progresse à partir d'une incertitude et d'une crainte initiales: quel sort le vainqueur réservera-t-il aux captives et à leurs enfants? Toute la pièce se déroule dans une atmosphère croissante d'angoisse. La seule arrivée du messager des Grecs provoque

---

1 Le mot *Troade* désigne aussi la région de Troie.

2 M.-M. Mouflard, *op. cit.*, t. II, p. 226-27.

l'inquiétude et la terreur, qui se manifestent par des réactions physiques intenses et spectaculaires, par de multiples interrogations, ainsi que par un rythme haletant et saccadé, d'une forte intensité dramatique:

LE CHŒUR
Mais voicy le Heraut de l'armee Argolique,
Il nous est envoyé pour quelque chose inique,
Je tremble, et le frisson me glace tout le corps.

HECUBE
Il nous faut, volontiers, laisser ces tristes bords.

LE CHŒUR
Adieu terre Troyenne.

HECUBE
A moy ce dur message,
Quel qu'il soit, appartient, il vient pour mon dommage.
Heraut, *quel infortune encore nous assaut?*
Nostre malheur extreme a-til quelque defaut?
Veut-on sacrifier? veut-on de nous captives
Faire couler le sang sur ces moiteuses rives?
Vos vaisseaux sont-ils pleins? ne les peut-on charger,
Regorgeant de butin, de nos corps sans danger?
Dy, Heraut, je te pry. (273- 85)

La scène, très animée, apporte une première réponse: le sort de Cassandre est connu. Les répliques se font alors courtes et vives. Le destin d'Hécube reste en suspens. A la fin de la scène, Cassandre est brutalement emmenée, ce qui donne lieu à de pathétiques adieux (vers 425-444).

La crainte ne laisse que rarement place à l'espoir, bien ténu, ce qu'Andromaque exprime, en deux vers noblement frappés, et qui témoignent de son désespoir devant l'inéluctable:

Las! je tremble de crainte, et n'espere aucun bien.
» O grand malheur de craindre et de n'esperer rien! (635-636)

C'est à la suite d'un songe que la veuve d'Hector, toute tremblante à l'idée que les ennemis pourraient assassiner son fils, décide de cacher l'enfant dans le tombeau de son époux. L'arrivée d'Ulysse fait renaître l'appréhension:

HELEN

Retirez-vous soudain, voicy venir Ulysse:
Il ourdist contre nous quelque enorme malice.

ANDROMACHE

Que la terre ne s'ouvre, et l'Enfer ne se fend
Pour enclorre en son sein le corps de mon enfant!
Sus Hector leve toy, fay separer la terre
Dessous Astyanax, puis soudain la resserre.
Voicy nostre ennemi, le Troïque flambeau:
Dieux, chassez telle horreur bien loin de ce tombeau. (741-748)

Cette scène, où Ulysse tente de savoir où se trouve Astyanax, est l'une des mieux réussies. Son mouvement dramatique est remarquable. Ulysse dévoile peu à peu ce qu'Andromaque craignait tant d'apprendre: Astyanax doit périr, car les Grecs redoutent que, devenu adulte, il ne songe à relever Troie de ses ruines et qu'Ilion restaurée n'en vienne à les menacer. Andromaque feint d'ignorer ce qu'est devenu son fils. Ulysse pressent qu'il s'agit d'une ruse: expert en ce domaine, il ne se laisse pas abuser. Il menace Andromaque des pires tortures. Celle-ci affirme qu'elle ne dira de toute façon rien de plus. Ulysse, sur le point de se retirer, se ravise soudain. Ce revirement permet à la scène de se poursuivre et l'attente y devient insoutenable. Ulysse fait semblant de croire Andromaque et, pour l'éprouver, lui annonce la mort qui aurait été infligée au petit Astyanax, s'il avait été capturé: il aurait été précipité du sommet d'une tour. La mère se trouble alors et Ulysse comprend qu'elle craint encore et que, par conséquent, son fils est encore en vie. Ordonnant aux soldats de le chercher activement, il fait un instant croire à la mère que l'enfant est découvert: Andromaque tremble de plus en plus. L'épreuve est concluante pour l'inquisiteur. Ce passage témoigne du sens dramatique de l'auteur, qui ménage l'attente du spectateur et fait monter l'inquiétude:

ULYSSE

Employons toute ruse, et ne portons le blasme
D'avoir esté trompez des fraudes d'une femme.
Voyons sa contenance: elle pleure, gemist,

Se tourne çà et là, la face luy blesmist,
Elle cuide escouter, bref elle a plus de crainte
Que son ame ne semble estre de dueil atteinte:
Il faut icy veiller d'un esprit entendu. (...)
On devoit vostre fils, tiré d'entre vos bras,
Monter sur une tour et le rouër en bas.

ANDROMACHE
Bons Dieux! le cœur me faut, je frissonne, je tremble,
Une soudaine glace en mes veines s'assemble.

ULYSSE
Elle a peur, c'est bon signe, il faut continuer:
Je luy voy, je luy voy le visage muer,
Tout va bien, poursuivons: la fremissante crainte
De ceste pauvre mere a descouvert sa feinte,
Il la faut augmenter. Sus, compagnons, apres,
Empoignez, emmenez cest ennemy des Grecs,
La peste et la poison des citez Argolides:
Eventez, découvrez aux cavernes humides,
Furetez, voyez tout, attrainez: il est pris.
Pourquoy regardez-vous? qui trouble vos esprits?
La poitrine vous bat: si faut-il bien qu'il meure. (897-925)

Ulysse ordonne qu'on brise le tombeau d'Hector. Une fois Astyanax découvert, il ne reste plus à sa mère d'autre solution que de supplier Ulysse, et de tâcher de l'émouvoir, mais en vain: Ulysse, malgré une réelle émotion, restera inflexible. L'épanchement des sentiments succède à l'angoisse. Aucune autre scène ne fait, mieux que celle-ci, agir les deux ressorts traditionnels de la tragédie que sont la terreur et la pitié:

ANDROMACHE
Sortez ma chere cure,
Sortez chetif enfant, de ceste sepulture. (...)
Sus jettez-vous à terre, et de vos mains foiblettes
Embrassez ses genous, songez ce que vous estes:
Demandez qu'il vous sauve, il est vostre seigneur,
N'en faites pas refus, ce n'est point deshonneur. (...)

ULYSSE
Les pleurs de ceste mere attendrissent mon cœur,
Mais d'un autre costé cet enfant me fait peur (...)

ANDROMACHE
Quoy? ces floüettes mains, ces deux mains enfantines
Pourront bien restaurer les Troyennes ruines? (...)

ULYSSE
Allons, je n'ay loisir de contester long temps,
Et en si vains propos despenser mal le temps. (1037 sq.)

Ce qui va mettre le comble à l'émotion est cette parole déchirante du petit Astyanax[1]:

Helas! ma mere, helas! me lairrez-vous tuer? (1119)[2]

L'acte III est tout aussi mouvementé que le précédent.[3] Hécube se trouve livrée à la crainte parce que, dans un songe nocturne, elle a vu un lion dévorer une biche et le spectre d'Achille exiger qu'on sacrifie à ses Mânes une captive troyenne comme épouse funèbre. Elle y devine le présage de l'immolation de sa fille Polyxène et redoute aussi la mort de son fils, le petit Polydore. L'arrivée de Talthybios, le héraut grec, la remplit d'effroi. Il vient précisément lui annoncer que l'ombre d'Achille réclame le sacrifice de Polyxène. Le spectateur peut croire un moment que la jeune fille sera sauvée, car, si Pyrrhus, le fils d'Achille, exige sa mort, Agamemnon tente de le faire renoncer à son dessein sanguinaire. Les arguments s'entrechoquent avec violence, mais le devin Calchas tranche: elle doit être sacrifiée. La suite de l'acte s'enchaîne de manière implacable: Hécube essaie par tous les moyens d'arracher sa fille à ses ennemis, mais la jeune princesse accepte dignement, fièrement et courageusement de mourir, plutôt que

1 Rien ne démontre mieux la force implacable du destin (qu'Ulysse et les Grecs favorisent d'ailleurs avec application) que ce passage, où Andromaque ne parvient pas à arracher son enfant à la mort: voir en particulier le vers 1118: *Je ne puis vous aider, ma resistance est vaine.*

2 On rapprochera ce mot, ainsi que l'émotion qui se dégage de tout le passage (créée par les supplications d'Andromaque et les gestes pathétiques de la mère et de l'enfant) de deux strophes du chœur final du premier acte (vers 513-520), qui décrivent les cris et les mouvements apeurés des enfants lors de la nuit funeste de la prise de Troie: la précision de la description rend l'évocation présente et particulièrement émouvante.

3 Cet acte suit, avec des variations, la même courbe que le précédent: au songe d'Andromaque correspond celui d'Hécube, à la capture d'Astyanax répond celle de Polyxène, et la douleur des deux mères atteint le même paroxysme.

d'être réduite en esclavage. Hécube, pour finir, s'offre comme victime à la place de sa fille, mais Pyrrhus demeure inébranlable dans son obstination première. Garnier a donc, là encore, voulu tenir en haleine le spectateur. Après le récit horrible des deux morts, celle d'Astyanax et celle de Polyxène, au quatrième acte, Hécube apprend soudainement la disparition de Polydore: nouveau coup de théâtre, qui confirme l'acharnement du sort. Le cinquième acte présentera un tableau animé de la vengeance d'Hécube, qui apparaît presque comme une *catharsis* après tant d'horreurs difficilement soutenables. La reine entraîne par la ruse dans une tente Polymestor, le meurtrier de son fils, pour lui crever les yeux et tuer ses enfants.

Garnier, parti d'une situation incertaine, laisse planer des menaces, qui se réalisent les unes après les autres, malgré les efforts inutiles des victimes. La crainte se fait de plus en plus vive, progressant avec l'horreur dans une sorte de crescendo tragique; lorsque l'atrocité atteint son paroxysme, un nouveau crime est commis, suivi de la punition du coupable. Le dramaturge a su ménager l'intérêt jusqu'à la fin, alors que tout semblait joué d'avance, ou que, du moins, la part de l'espérance se trouvait réduite à une misérable peau de chagrin. En somme, Garnier a su combiner la tragédie lyrique, assez statique, qui prédominait dans la plupart de ses œuvres précédentes, avec une forme de drame plus moderne, inspirée des théories et des tragédies de Jean de La Taille, ainsi que de la lecture des Grecs,[1] et fondée sur le dynamisme de l'action, l'attente du spectateur et les coups de théâtre:

> *Antigone* et la *Troade* offrent des procédés nouveaux repris de La Taille: coups de théâtre psychologiques: refus de Polyxène de se défendre, inspiré à la fois de ceux de la Polyxène et de l'Iphigénie d'Euripide et de celui des jeunes gens de la *Famine*, action rapide, suppression des images et des comparaisons développées. Par certains côtés la tragédie de Garnier subit une véritable mutilation; les passages lyriques subsistent, mais tellement abrégés qu'ils en paraissent étriqués. Garnier lutte contre son tempérament mais n'arrive pas entièrement à imiter ses nouveaux modèles. Une survivance de la

[1] La lecture du troisième livre de la *Franciade*, dont le mouvement est animé et dramatique, a pu aussi influencer Garnier: «Ronsard lui-même, dans un passage épique, offrait à Garnier le modèle d'une action progressant rapidement par le jeu des caractères et l'exemple de héros qui agissent et ne rêvent pas.» (M.-M. Mouflard, *op. cit.*, tome II, p. 41)

> première manière coexiste avec les traits classiques de la seconde période. (M.-M. Mouflard, *Robert Garnier*, tome II, p. 41)

Il est d'ailleurs tout à fait significatif que, par rapport aux pièces précédentes de Garnier, diminuent, dans *La Troade*, la part et le volume des comparaisons homériques et virgiliennes, qui ont fréquemment pour inconvénient de nuire au mouvement de la scène. Cela mérite d'autant plus d'être souligné que la matière de cette tragédie, justement homérique et virgilienne, pouvait facilement se prêter à un déploiement de ce majestueux procédé rhétorique.

Si l'on reprend la typologie des scènes proposée par Marie-Madeleine Mouflard[1], on distingue dans les pièces de Garnier les scènes d'action, les scènes lyriques, les récits et les scènes à thèse. Or, les scènes d'action sont plus fréquentes dans *La Troade* que dans les tragédies romaines. M.-M. Mouflard relève « le départ de Cassandre, qui peut aussi être considéré comme une scène lyrique (I), les efforts d'Andromaque pour sauver Astyanax (II), l'enlèvement de Polyxène (III), la vengeance d'Hécube et le jugement rendu par Agamemnon (V).» (*op; cit.*, tome II, p. 58); les scènes à thèse, qui ralentissent l'action, ont disparu[2]; les récits des morts d'Astyanax et de Polyxène visent à l'efficacité dramatique, puisqu'ils se terminent avec le trépas des personnages, alors qu'Euripide prolongeait son récit au-delà de la mort de Polyxène, décrivant les honneurs rendus à la jeune fille. (M.-M. Mouflard, *op. cit.*, p. 81); les monologues lyriques eux-mêmes comportent des éléments dramatiques:

> (...) le monologue protatique d'Hécube cesse vite d'être lyrique pour passer au récit (...) [Au troisième acte] l'entrée en scène d'Hécube est dramatique et non lyrique; le pathétique provient, comme dans Euripide, de la déchéance physique de la reine, puis du récit d'un songe effrayant. (...) [Le monologue] d'Andromaque apprenant la mort d'Astyanax n'est lyrique que dans le second couplet, qui semble avoir été remanié; dans le premier, Andromaque demande des comptes aux dieux, puis invoque Astyanax; le second est une méditation sur le bouclier d'Hector, d'un lyrisme beaucoup plus discret que celui des

---

1 *Robert Garnier*, tome II, chapitre II.

2 Les scènes à thèse, dans *La Troade*, ne sont qu'ébauchées, mais elles sont parfaitement intégrées à l'action, fondues dans le mouvement dramatique de l'instant présent: discussion entre Cassandre et Hécube sur le parallèle entre le sort des Grecs et celui des Troyens, débat entre Agamemnon et Pyrrhe sur la modération et la clémence, confrontation ultime de Polymestor avec Hécube.

> tragédies romaines (...) Le monologue d'Hécube après le départ de Polyxène est plus dramatique que lyrique; elle interpelle les dieux, puis la mort, mais il ne s'agit plus ici que d'un effet de style (...) A la fin de l'acte IV, un triple monologue d'Hécube déplore la mort de Polyxène, puis celle de Polydore; l'intensité lyrique (...) s'atténue; l'expression est plus concentrée et la construction logique plus sensible. (M.-M. Mouflard, *op. cit.*, pp. 72-76)

Les talents dramatiques de Garnier se révèlent aussi dans le goût du spectaculaire. Dès le début, il place le spectateur devant une vision grandiose et pathétique, celle d'une ville et d'un peuple qui se consument et agonisent. Troie est un véritable protagoniste, non seulement parce qu'elle fournit le lieu de l'action, mais surtout parce qu'elle constitue une préoccupation majeure et constante des personnages, tant Troyens que Grecs. Le dramaturge nous invite à contempler l'effondrement gigantesque de Pergame par les yeux et par l'imagination. La figure de l'hypotypose met en évidence cette fresque saisissante. Les moyens techniques dont disposent aujourd'hui les metteurs en scène permettraient d'ailleurs de concevoir une scénographie sonore et lumineuse. Les gestes sont fréquents: nous avons dit combien les personnages les multipliaient à des fins pathétiques. A la fin de la pièce, on dépose devant les yeux du public le cadavre de Polydore: ce goût pour le macabre se retrouvera un an plus tard dans l'*Antigone*. Le spectacle, enfin, ne se joue pas seulement sur la scène: les visions de Cassandre, les relations des songes, les récits des morts sont organisés selon une optique théâtrale. On jugera de la dramatisation de la narration épique dans le quatrième acte, par exemple, lorsque les Grecs choisissent, pour immoler Polyxène, un lieu en forme de théâtre:

> Le sepulchre d'Achille est basti sur la rive,
> Où l'onde Rheteanne en escumant arrive:
> Derriere est un valon qui hausse doucement,
> *Et qui fait en theatre un grand contournement.*
> Là s'est rendu le peuple, et ceste pente ronde
> Jusqu'au pied du tombeau s'est couverte de monde. (2071-2076)

Le style direct, les gestes, nombreux et précis, les attitudes solenelles des personnages, tout contribue à la théâtralisation du récit:

> *Elle devance* Pyrrhe, et *d'une franche allure*
> Monte au plus haut sommet de ceste sepulture:
> Alors le Pelean *du tombeau s'approchant,*
> Et *de sa main l'autel reveremment touchant,*
> *Les deux genoux pliez* va *dire* en ceste sorte.
> Reçoy, mon Geniteur, dessus ta cendre morte
> La sainte effusion que nous t'avons voulu
> Faire d'un sang virgeal, non souillé, ny polu:
> *Reçoy-les de nos mains* (...)
> *Elle* [Polyxène] *fendit sa robe avec sa blanche main,*
> *Et jusques au nombril se decouvrit le sein:*
> *Sa poitrine fut veuë avec ses mammelettes,*
> *S'enflant egalement comme rondes pommettes:*
> *Puis, les genoux en terre,* à Pyrrhe *dist* ainsi,
> Si tu veux traverser *ceste poitrine ici,*
> O Pyrrhe, ou si plustost *ce gosier tu demandes,*
> L'un et l'autre sont prests, fay de moy tes offrandes.
> A ces mots *il s'approche,* et son glaive poignant
> Dans le sang de la vierge à regret va baignant (...)
> Il sort comme un estang qui coule par la bonde:
> Et elle, que laissoit son ame vagabonde,
> *Tombant dessur la face*, encore eut pensement,
> La mort dedans le cœur, *de cheoir honnestement,*
> Et de ne découvrir à la tourbe nombreuse
> De son corps *estendu* chose qui fust honteuse. (2107 sq.)

Un des traits spécifiques du style théâtral de Garnier est le dialogue stichomythique, où les positions antagonistes se heurtent violemment; l'âpre discussion devient alors ce que les Grecs appelaient un ἀγών, une lutte, un conflit dramatique:

> La tragédie humaniste, à la suite des tragiques grecs et de Sénèque, fait grand usage de cette forme, qui traduit avec bonheur le heurt violent de volontés exaltées ou de passions exaspérées, et en tout cas exprime un paroxysme dramatique. (F. Charpentier, *Pour une lecture de la tragédie humaniste*, p. 21)

Garnier recourt à plusieurs reprises à ce procédé dans *La Troade*. La joute qui oppose Agamemnon, partisan de la clémence, et Pyrrhus, désireux d'immoler au plus vite Polyxène, est à cet égard exemplaire. La stichomythie éclate lorsque les deux positions n'ont pu se concilier. L'ironie, la violence des propos se donnent dès lors libre cours. La sentence accroît la vigueur de l'affrontement: l'éthique rejoint l'esthétique:

AGAMEMNON
Vrayment tu es comblé de grande vaillantise,
D'avoir occis Priam, une vieillesse grise,
Que ce tien pere avoit en sa tente embrassé,
Luy demandant le corps de son fils trespassé.
Que ne l'imites-tu?

PYRRHE
J'imite sa proüesse.

AGAMEMNON
De massacrer un Roy en extreme vieillesse!

PYRRHE
» La mort plus que la vie agree aux affligez.

AGAMEMNON
Les vieillards par pitié sont de Pyrrhe esgorgez.

PYRRHE
J'occis mes ennemis.

AGAMEMNON
D'une clemence egale
Tu veux sacrifier une fille royale.

PYRRHE
La tienne as immolé, qui ores le defens.

AGAMEMNON
Le païs je prefere à mes propres enfans.

PYRRHE
» Il n'est point defendu par les loix de la guerre
» De tuer les haineux de sa natale terre.

AGAMEMNON
» L'honneur et le devoir defendent maintesfois
» De faire ce qui n'est defendu par les loix.

PYRRHE
» Ce qui plaist au vaincueur est loisible de faire.

AGAMEMNON
» D'autant qu'il peut beaucoup, d'autant luy doit moins
[plaire. (1469-1486)

La sentence pourrait sembler, à première vue, ralentir l'action. Elle est toutefois essentielle au rôle didactique de la tragédie humaniste. Ronsard proclame en effet les tragédies *didascaliques et enseignantes*[1]. Scaliger, dans sa *Poétique*, assigne à la tragédie une double fonction: inspirer la terreur et la pitié, d'une part, enseigner, d'autre part, et il place la sentence au même rang que l'image, l'une et l'autre constituant comme les colonnes ou les piliers du genre[2]. Les vers sentencieux, généralement précédés de guillemets (»), représentent dans *La Troade* 6,6% de l'ensemble de la pièce. Le chiffre est important, même s'il est inférieur à celui des autres tragédies de Garnier (17,5% dans *Cornélie*, 16,2% dans *Les Juives*, 10% dans *Antigone*, 9,5% dans *Hippolyte*). Cette figure, à structure grammaticale bien définie, au rythme très visible et qui facilite l'effort de mémoire pour l'acteur, joue un rôle de premier plan dans ce qu'il est convenu d'appeler *l'inventio*. Les principaux thèmes philosophiques qui se dégagent sont ceux que nous avons plus haut mentionnés: instabilité des grandeurs humaines, valeur de la générosité, de la pitié, de la clémence, condamnation de la déloyauté. Il faut y ajouter l'interrogation sur la part respective de la Fortune, des astres et de la Providence dans le cours des événements humains. La question est directement posée par le poète dès la dédicace initiale à l'archevêque de Bourges:

> (...) voyant nos ancestres Troyens avoir, par l'ire du grand Dieu, ou par l'inevitable malignité d'une secrette influence des astres, souffert jadis toutes extremes calamitez (...)

Les personnages de cette pièce n'adoptent pas sur ce point de position nette. Ils tiennent des propos souvent proches du blasphème, Andromaque met sur le même plan la folie sanguinaire du destin et celle du Ciel (1001-1004), Hécube accuse les dieux de cruauté (94), se révolte contre eux (1730-32), achève la tirade ultime en les

---

1 *Preface pour la Franciade*, in *Œuvres complètes*, Paris, Gallimard, Pléiade, 1993, tome I, p. 1164.

2 Voir, sur ce point, M.-M. Mouflard, *Robert Garnier*, tome II, p. 11.

apostrophant sur un ton de reproche qui tient à la fois de la prière et de la mise en cause:

> Et vous, Dieux, le sçavez et vous n'en faites cas!
> Et vous, Dieux, le voyez et ne nous vengez pas! (2661-62)

Garnier donnera la réponse quatre ans plus tard, dans *Les Juives*: le tyran sanguinaire sera considéré comme l'instrument provisoire de la colère divine; mais le prophète rappellera que Dieu doit relever son peuple et lui envoyer un Messie. Le choix d'un sujet biblique permettra au poète de substituer le Dieu providentiel d'Abraham, d'Isaac et de Jacob aux divinités capricieuses de l'Olympe. Mais, dans *La Troade*, les personnages semblent souvent douter de la Providence, même si le chœur, au cinquième acte, exprime sa confiance envers les dieux (vers 2449-54) et même si Hécube elle-même, à l'acte précédent, évoque *l'équitable justice* de Jupiter (vers 2280). M.-M. Mouflard pense que les opinions de Garnier ont été changeantes à l'égard de ce problème, qu'à l'époque de notre pièce, il exprime une vue métaphysique pessimiste, qui changera à partir d'*Antigone* et surtout de *Bradamante* et des *Juives* (*op. cit.*, tome II, p. 103 sq.). Elle voit dans ces fluctuations la marque d'une évolution spirituelle. Mais il faut aussi reconnaître que, dans le cadre de cette tragédie grecque et par la nature de son sujet, il est impossible à Garnier de se libérer des contraintes que lui impose le mythe. La perspective païenne l'emporte momentanément sur la conception biblique providentialiste, c'est-à-dire que les dieux écrasent les hommes sans aucune pitié pour eux, et, sans se soucier de protéger les innocents, semblent faire preuve d'une totale indifférence à l'égard de la distinction entre le bien et le mal. C'est ce qui conduit Charles Mazouer à affirmer que:

> (...) comme les exigences les plus atroces des vainqueurs (mais aussi la vengeance d'Hécube) ont toujours la caution des dieux, les victimes se persuadent vite que les dieux ou le destin veulent ces malheurs, qui présentent ainsi un caractère écrasant. Contre cela, les Troyennes ne peuvent rien; les songes prémonitoires accentuent le sentiment de l'inexorable et de la fragilité du «misérable insecte humain»[1]. (...) Les Troyennes subissent la loi des vainqueurs, l'injustice profonde de la guerre, qu'elles n'ont en rien méritées; et leurs enfants en sont des

[1] Ch. Mazouer signale que l'expression est du Père A.-J. Festugière (*De l'essence de la tragédie grecque*, Paris, Aubier-Montaigne, 1969, p. 11).

> victimes encore plus pures et innocentes. (Les personnages) peuvent évoquer un ordre de nature réglé par les astres (...) En un mot, ils sont soumis au destin (...) c'est seulement la dédicace de *La Troade* qui propose, pour expliquer le malheur de Troie, «l'ire du grand Dieu». (...) Cette concurrence, d'ailleurs très inégale, entre le Dieu des chrétiens et les dieux antiques ne va pas sans poser des problèmes. (*La Vision tragique de Robert Garnier*, pp. 74-80)

Aussi Ch. Mazouer en vient-il à discerner dans la théologie de la pièce «une théologie du dieu méchant, pour reprendre une expression de Paul Ricœur» et à souligner que nous ne sommes pas ici en présence du Dieu d'amour du christianisme, mais bien «de l'*anágkè* et de dieux capricieux». Il remarque la contradiction entre l'imitation des auteurs païens et le catholiscisme de Garnier, contradiction qui sera, nous l'avons dit, résolue dans le drame biblique des *Juives*.[1] Le climat étouffant de *La Troade* fait qu'on hésite même à parler de *catharsis*, malgré la punition finale du traître Polymestor[2].

Il est toutefois un point de métaphysique religieuse où Garnier s'interdit de suivre servilement sa source antique. Sénèque, dans les *Troades*, avait composé un splendide chœur niant l'immortalité de l'âme (vers 371-408). Garnier, poète catholique, convertit ce passage en une profession de foi inspirée par un christianisme néo-platonicien (vers1323-1376). Ce détail montre assez que le dramaturge français ne se sent pas toujours embarrassé par les conceptions philosophiques de ses modèles païens et qu'il sait au besoin s'en affranchir totalement. Il lui arrive même de détourner de leur sens les mythes antiques et de leur donner une orientation nettement biblique. Le chant qui termine le troisième acte (1745-1804) offre un bon exemple de transposition dans l'univers de la mythologie grecque de la notion de péché originel. L'homme, par son orgueilleuse audace et son insatiable avidité, a remis en cause l'ordre divin et s'est aventuré sur mer par cupidité, au lieu de labourer paisiblement le sol de sa patrie et de respecter ainsi la séparation entre la terre et les eaux, effectuée à bon escient par Jupiter.

1 *art. cit.*, p. 81-82.

2 Cf. M.-M. Mouflard, *Robert Garnier*, tome II, p. 9: «(...) si le but essentiel [de la tragédie] est de produire une *catharsis*, grâce à la terreur et à la pitié, toutes les tragédies de Garnier sont parfaitement satisfaisantes sur ce point (**sauf peut-être *La Troade***).» Rappelons en outre que l'injuste meurtre des enfants de Polymestor amoindrit le sentiment de purification.

Cette première transgression et cette mauvaise utilisation de la connaissance et de l'intelligence ont entraîné les générations successives dans une longue suite de fautes et de malheurs, dont l'amour coupable de Pâris et d'Hélène, la guerre de Troie et la ruine de cette ville sont les plus récentes manifestations. La fusion des deux univers (antique et biblique) est ici parfaitement réussie.

NOTE SUR LA PRÉSENTE ÉDITION

Cinq éditions de *La Troade* furent publiées du vivant de Garnier:

A- l'édition princeps (1579), imprimée à Paris, chez Mamert Patisson, au logis de Robert Estienne;
B- le texte fourni par la première édition collective du théâtre de l'auteur en 1580 (même éditeur);
C- le texte qui figure dans la deuxième édition collective (Paris, Mamert Patisson, 1582);
D- le texte de la troisième édition collective (Paris, Mamert Patisson, 1585);
E- le texte de la quatrième édition collective, parue à Toulouse, chez Pierre Jagourt, en 1588.

Nous prenons ici pour base la dernière édition préparée par l'auteur, celle de 1585, que nous appelons D. Nous avons établi le texte d'après les exemplaires conservés à la bibliothèque de l'Arsenal sous la cote [Réserve 8° B12 589] et à la bibliothèque de la Sorbonne sous les cotes [R ra 472, in–12] et [R ra 472a, in–12] Ce dernier volume comporte deux folios (198 et 199) non imprimés, entièrement blancs. Nous respectons l'orthographe et la ponctuation de l'édition de référence. Les guillemets (») placés devant certains vers indiquent les sentences: ils figurent dans le texte original. Les astérisques que nous plaçons dans le texte renvoient à l'*index verborum*. La foliotation est précisée entre crochets: elle est placée à droite du vers qui commence la page ou du nom du personnage qui le prononce ou, s'il y a lieu, du titre situé en haut de la page; toutefois, dans le corps des textes rédigés en prose (*Dédicace*, *Argument*), nous la plaçons immédiatement avant le premier mot ou la première syllabe de la page.

Nous indiquons les variantes des trois premières éditions, que nous appelons, en suivant l'ordre chronologique, A, B, C. Nous suivons pour A l'exemplaire de la Bibliothèque Nationale –cote [Rés.

Yf 3950])– et celui de la bibliothèque de l'Arsenal –cote: [8° B 12 689]–, pour B l'exemplaire de la bibliothèque de l'Arsenal, –cote [Rés.8° BL 12 588]– et pour C celui de la Bibliothèque Nationale –cote [Rés. p –Yf– 532]–. Nous laissons de côté les variantes qui ne concernent que la graphie ou la ponctuation, parce qu'elles sont très rarement significatives, mais nous conservons toutes celles qui modifient le sens, en particulier sur le plan lexical ou syntaxique. On se rendra compte du soin que l'auteur mettait à corriger ses œuvres: c'est la raison pour laquelle nous avons choisi l'édition de 1585, qui présente une amélioration du style, ce que l'on pourra vérifier par la consultation des variantes situées en bas de page et des notes placées à la suite du texte de la pièce.

Si nous ne tenons aucun compte de l'édition parue à Toulouse en 1588 (E), c'est que celle-ci n'est guère fiable, ainsi qu'on peut le constater à partir de l'exemplaire de la Bibliothèque Nationale [8° Yf 1461]. L'auteur n'en a pas revu le texte, qui, tout en reproduisant l'édition de 1585 (D), comporte d'assez nombreuses erreurs (coquilles malencontreuses, lapsus, termes ou vers omis, fautes de métrique, etc.).

LA TROADE,

TRAGEDIE

LA TROADE[1], [f° 154 r°][2]

TRAGEDIE.

A MONSEIGNEUR L'ARCHEVESQUE de Bourges.[3] [f°156 r°]

Je vous ay presenté, Monseigneur, un eschantillon de ceste Tragedie, n'estant encore demy ébauchee: que maintenant, ayant receu la derniere main de son Autheur, je pousse en public, sous la targue* de vostre nom[4]. Ne pensant qu'un ouvrage lettré doive plus justement mendier sa protection, que d'un personnage accompli de toutes especes de literature, comme vous[5]. Je sçay qu'il n'est genre de Poëmes moins agreable que **[f° 156 v°]** cestuy-cy, qui ne represente[6] que les malheurs lamentables des Princes, avec les saccagemens* des peuples. Mais aussi les passions* de tels sujets nous sont ja si ordinaires, que les exemples anciens nous devront doresnavant servir de consolation en nos particuliers et domestiques* encombres*: voyant nos ancestres Troyens avoir, par l'ire* du grand Dieu, ou par l'inevitable malignité* d'une secrette influence des astres, souffert jadis toutes extremes calamitez: et que toutefois du reste de si

1 ***A*** LA TROADE, TRAGEDIE de ROB.GARNIER CONSEILLER du ROY et de monseigneur Frere unique de sa Majesté, Lieutenant general Criminel au siege Presidial et Senechaussee du Mayne. A PARIS, Par Mamert Patisson Imprimeur du Roy, au logis de Robert Estienne. M.D.LXXIX. AVEC PRIVILEGE.

2 Foliotation erronée dans l'édition originale: il s'agit en réalité du folio 155.

3 ***ABC*** A REVEREND PERE EN DIEU MESSIRE REGNAUD de BEAUNE, Evesque de Mende, Comte de Givaudan, Conseiller au privé Conseil du Roy, et Chancelier de Monseigneur frere de sa Majesté.

4 ***ABC*** vostre illustre nom

5 ***ABC*** comme vous, Monseigneur, bien que distrait à la conduite et maniment des plus importans affaires de ce Royaume, en la maison d'un des plus grands et illustres Princes de l'Europe, auquel comme à un second Hercule, les peuples estrangers se vont, pour ses vertus, reclamer en leurs oppressions.

6 ***ABC*** qui ne traitte que perpetuelles fureurs, et ne represente

miserables et dernieres ruines s'est peu bastir, apres le decez de l'orgueilleux Empire Romain, ceste tres-florissante Monarchie.[1]

Vostre serviteur[2]
GARNIER.[3]

Quel son masle et hardy, quelle bouche héroïque, [f°157 r°]
Et quel superbe vers enten-je icy sonner?
Le lierre est trop bas pour ton front couronner,
Et le bouc est trop peu pour ta Muse tragique.

Si Bacchus retournoit au manoir Plutonique,
Il ne voudroit Eschyle au monde redonner,
*Il te choisiroit seul, qui seul peux estonner**
Le theatre François de ton cothurne antique.

Les premiers trahissoyent l'infortune des Rois,
Redoublant leur malheur d'une trop basse voix:
La tienne comme foudre en la France s'écarte.

Heureux en bons esprits ce siecle plantureux:
Apres toy, mon GARNIER, je me sens bien-heureux
De quoy mon petit Loir est voisin de ta Sarte.

P. de RONSARD.[4]

---

1 ***ABC*** ceste tres-florissante Monarchie. Quoyque ce soit, Monseigneur, ce present fournira, s'il vous plaist, pour testifier combien j'honore et embrasse en mon cœur vos héroïques vertus, et combien je desire toute ma vie faire en vostre service, pour entre autres choses, y employer ceste Muse, toutes les fois que vous l'aurez à gré.

2 ***ABC*** Vostre perpetuel serviteur

3 ***ABC*** ROB. GARNIER

4 ***ABC*** *contiennent en outre un sonnet de Patry Bruneau; dans* **C**, *au dernier vers* cercher *est remplacé par* chercher*:*

Grece premierement fut beaucoup estimee
Pour avoir allaicté des doctes nourriçons,
Et apres elle Rome, à qui mille enfançons
Ont acquis et grand los et grande renommee:

Et maintenant la France est heureuse nommee,
Pour nourrir des enfans qui en maintes façons

Qualis virentis valle sub humida
Apis Matini, cùm Zephyri novos
Soles recludunt, et malignis
Sidera frigoribus soluta

Almam tepenti rore beant humum:
Egressa tectis, gramina plurimo
Distincta flore, urgétque odoros
Suave croco violáque saltus:

Hinc melle pinnas perlita roscido,
Illinc recenti crura thymo gravis
Decedit agris, elabora-
tum artifici ore ferens liquorem.

Talis novenis chare sororibus,
Vatíque sacram qui Pataram colit,
GARNERI, opimos per recessus
Quotquot amœnæ habuere Musæ, [f°157 v°]

Incedis: et quà rura Aganippides
Actæa lymphæ flumine dividunt,
Et quà arduis occurrit astris
Mons bifida celebratus arce:

Hîc æmulatim quæque tibi suas
Pimplæis artes, muneráque explicat:
Hinc te Attico reples lepore,
Hinc Latiæ gravitate scenæ:

Font bruire leurs escrits et leurs doctes chansons,
Ayans tous d'Apollon la poitrine enflammee:

Entre lesquels, GARNIER, pour ton stile plus haut,
Pour avoir animé le tragic eschaffaut,
Tu marches des premiers: Troade en sert d'exemple,

Où si naifvement tu descris les malheurs
Qui suivent bien souvent l'heur des grands Empereurs,
Qu'on ne doit en cercher tesmoignage plus ample.

PATRY BRUNEAU.

Utroque solers dicere pectine,
Utrosque concinnè agglomerans modos
Cæleste opus stipas superbæ
Spem reliquam Astyanacta Troiæ.

Quid impotenti non facile est lyræ,
Quidve insolens? En te duce, te tuo
Dicente plectro ecce opacum
Tempe nemus trepidant ciere:

Et quo canentes sedulo in otio
Tenes Camœnas, pumiceis tui
Sartæ sub antris, hospitales
Perpetuum meditantur umbras.

Sic de nivosis Sithonii jugis
Hæmi expeditas reddidit æsculos
Errare quocunque indicasset
Threiciæ fidicen Thaliæ.

PETRUS AMYUS.[1]

1 *A Ce poème latin est placé à la fin du livre. ABC Pas de signature à la fin du poème, mais celui-ci comporte un titre incluant le nom de l'auteur:* AD ROBERTUM GARNIERIUM *rerum capitalium Cœnomanis Præfectum* PETRUS AMYUS *ibidem Cos. Mag.*

ARGUMENT DE LA TROADE.

Troye estant prise, saccagee et destruitte, les Grecs prests de s'embarquer pour retourner en leurs maisons, partagent leur butin: **[f°158 r°]** donnent au Roy Agamemnon,[1] comme par prerogative, la vierge prophete Cassandre, à laquelle il estoit affectionné*. Arrestent par commun advis, pour le bien et seureté de la Grece, et pour obvier* à nouvelles guerres, de faire mourir Astyanax, l'unique fils d'Hector. Ce qui fut executé, en le precipitant d'une tour. Or estans[2] sur ce partement*, l'Ombre d'Achille apparut[3] sur son sepulchre d'une forme effroyable, se plaignant des Grecs de l'avoir mesprisé,[4] et les menaçant de grands malheurs et infortunes, s'ils ne tuoyent Polyxene sur son tombeau. Lesquels ayans[5] presqu'à l'instant apperceu que leurs galeres demeuroyent immobiles au port et n'en pouvoyent estre tirees, resolurent[6] par[7] l'advis de Calchas de la faire occire*[8] sur sa tombe par Pyrrhe son fils. A quoy ceste jeune Princesse[9] se presenta franchement* et d'un magnanime* cœur*. Son corps fut porté laver par ses compagnes Troyennes au bord de la mer, pour l'ensevelir: Où de cas* d'adventure* fut par elles apperceu celuy de Polydore,[10] le plus jeune des enfans d'Hecube et de Priam, lequel avoit esté pendant le siege secrettement envoyé en Thrace au Roy Polymestor, pour le

---

1 ***ABC*** donnent au Roy, comme par prerogative,

2 ***ABC*** estant

3 ***A*** l'Ombre d'Achille (qui avoit esté auparavant tué par Paris, voulant fiancer Polyxene, qui luy avoit esté accordee par son pere Priam, et apres sa mort ensepulturé sur le rivage de la mer) apparut

4 ***ABC*** se plaignant des Grecs qui l'avoyent mesprisé,

5 ***A*** Lesquels ayant

BC Et ayants

6 ***A*** que leurs galeres estoyent comme immobiles, et ne pouvoyent estre tirees du port, resolurent

BC que leurs galeres immobiles demeuroyent au port et n'en pouvoyent estre tirees, resolurent

7 ***B*** pas *(lapsus)*

8 ***A*** de la luy consacrer et faire occire

9 ***A*** A quoy ceste fille

10 ***A*** le corps mort de Polydore,

nourrir* et sauver des mains des ennemis, s'il advenoit desastre à la ville: à fin que tiré de cest orage, il peust par le moyen des grands thresors, qui furent portez avec luy, ramasser*[1] nouveaux peuples, rebastir ceste belle ville, et remettre le Royaume en son premier estat. Ce qui succeda* autrement. Car Polymestor ayant sceu que tout estoit ruiné et mis **[f°158 v°]** à feu et à sang, et Priam mesmes occis*, vaincu de ce malheureux desir de butiner*, meurtrist* ce jeune enfant son hoste, et en jetta le corps dans la mer, que les vagues pousserent incontinent* au rivage opposite*. Hecube l'ayant en grand dueil* receu, et le voyant massacré[2] de plusieurs playes, prend resolution avec ses femmes de se venger du meurtrier. Et pour effectuer son dessein, trouve façon de l'attirer finement* à soy, sous esperance de recevoir d'elle les anciens thresors et richesses de Troye, qu'elle feint avoir[3] en partie enterrez sous les ruines de la ville, et en partie luy avoir apportez pour les garder à Polydore.[4] L'introduit seul avec ses deux enfans en sa tente, où se trouve de propos deliberé* grand nombre de Dames Troyennes, qui le saisissent aussi tost, et luy crevent les yeux de leurs aiguilles, et meurtrissent* cruellement ses enfans. Voyla le sujet de ceste Tragedie, prins* en partie d'Hecube et Troade[5] d'Euripide, et de la Troade de Seneque.

---

[1] ***ABC*** à la ville, qu'elle fust prise et ruinee: à fin que luy, estant tiré de cest orage, peust survivre et par le moyen des grands thresors, qui furent portez avec luy, il peust ramasser

[2] ***ABC*** receu massacré

[3] avoir *manque dans* ***B*** *et dans* ***C***

[4] ***A*** et en partie avoir apportez avecques soy, pour les garder à Polydore.
BC et en partie avoir secrettement apportez pour les garder à Polydore.

[5] ***AB*** prins en partie de l'Hecube et Troades

Les entreparleurs de la Tragedie.

Hecube.
Le Chœur des femmes Troyennes.
Talthybie, *Herault de l'armee des Grecs.*
Cassandre.
Andromache.
Helen.
Ulysse.
Astyanax.
Pyrrhe.
Agamemnon.
Calchas, *Devin et sacrificateur de l'armee.*
Polyxene.
Le Messager.
Polymestor.

LA TROADE, [f°159 r°]

ACTE I.

HECUBE. LE CHŒUR. CASSANDRE.

HECUBE

Quiconque a son attente aux grandeurs de ce monde,
Quiconque au fresle bien des Royaumes se fonde,
Et qui dans un palais, superbe*, commandant,
Le desastre* ne craint sur sa teste pendant:
Qui credule se donne à la Fortune feinte,
Qui des volages* dieux, des dieux legers n'a crainte,
Me vienne voir chetive*, ô Troye! et vienne voir
En cendres la grandeur que tu soulois* avoir:
Nous vienne voir, ô Troye! ô Troye! et qu'il contemple
L'instable changement du monde, à nostre exemple.
  Jamais le sort muable à mortels[1] ne s'est tant[2]
Qu'à nous peuple Troyen fait cognoistre inconstant:
Fait cognoistre le flux des fortunes humaines,
Et comme de nos mains[3] elles coulent soudaines,
Abusant nostre vie, et repaissant nos cœurs
D'une vaine liesse empreinte de langueurs.
L'orgueil de la grand' Troye est destruit miserable,[4] [f°159 v°]
L'ornement de l'Asie, ô perte deplorable!
Le saint labeur des Dieux, que les Scythes felons*
Qui habitent errans* dessous les Aquilons,

---

1 *A* aux hommes

2 *A Ce vers ne commence pas en retrait (pas de nouvel alinéa).*

3 *A* Et comme autour de nous

4 *B Ce vers commence en retrait (nouvel alinéa).*

Ceux qui boivent le Tygre et l'Eufrate, et encore
Ceux qui plus reculez voyent naistre l'Aurore,
Sont venus secourir, ores* pieds contre-mont*
De sa ruine engendre un lamentable mont.
La flamme rougissante aux bastimens se lie,[1]
Au sang de ses enfans Troye ard* ensevelie,
Les palais orgueilleux du grand Laomedon
Fument loin, devorez du Dolope brandon*:
Les temples on saccage, et le brasier de Troye
N'empesche le vainqueur de courir à la proye:
On la saccage ardente*, et le Soleil flammeux
La couvre[2] enveloppé d'un nuage fumeux.
Le soldat ennemi la regarde et s'estonne*,[3]
Bien qu'ardant* de courrous, que sa main la moissonne:
Tant elle apparoist grande et superbe* en tombant,
Et tant se voit d'espace en sa braise flambant.
Si grand feu l'espouvante, ayant peur qu'il se darde*
Jusque aux lambris* du ciel,[4] et que tout le monde arde*.
Le son de sa ruine, et des fracassemens,
Que font de toutes parts tant de hauts bastimens,
Fait mouvoir le rivage, et la mer oragee*
Qui tempeste escumant aux rochers de Sigee.
Ide le sacré mont en resonne dolent*,
De ses pleureux Cyprés la perruque* branlant:
Mille vaisseaux Gregeois ne sont assez capables*
Pour le butin ravi des flammes execrables*:
Le rivage en est plein, la mer s'en va joüant,
Et maints riches joyaux vont sur les flots noüant*. [f°160 r°]
J'atteste* des grands Dieux la puissance funeste,
Je t'atteste*, Ilion, et tes cendres j'atteste*,
Et toymesmes Priam des Dardanes le Roy,
Que Troye ensevelie ensevelist en soy:
Et vous mes chers enfans, nombreuse geniture*:
Je vous atteste* aussi, par vos Ombres je jure,

---

[1] A *Ce vers ne commence pas en retrait (pas de nouvel alinéa).*

[2] A Se couvre

[3] A *Ce vers ne commence pas en retrait (pas de nouvel alinéa).*

[4] A Bourdonnant, jusqu'au ciel,

Que j'ay cogneu premiere, et premiere predit
Nos malheurs[1] que Cassandre a furieuse* dit:
Nos malheurs[2] que Cassandre a, de Phebus esmeuë*,
Predit pour nostre bien, qui ne l'avons pas creuë.
J'ay veu j'ay veu, premiere, helas! je les ay veus,
De toy Paris enceinte, et ne les ay pas teus.
    Le caut* Laërtien, ny le vaillant Tydide,[3]
Le deloyal Sinon, ny le fatal Pelide
N'ont eslancé ce feu, qui brusle estincelant:
C'est moy qui l'ay soufflé, c'est moy qui vay bruslant
Les grands murs d'Ilion, les antiques Pergames,
Hecube c'est ton feu, ce sont tes propres flames.
    Mais pourquoy gemis-tu? pourquoy vas-tu pleurant
Les ruines de Troye et son feu devorant?
Pourquoy les pleures-tu, lamentable* vieillesse?
Pense à ta propre perte,[4] à ta propre tristesse.
Troye est un dueil* publique où chacun a sa part,
Mais pleure ton Priam, reverable vieillard:
Las*! je l'ay veu meurtrir*, Dieux! ce penser m'affole*,
Et dedans le gosier m'arreste la parole.
    J'ay veu, j'ay veu chetive*, au saint autel des Dieux,[5]
Le jeune Pelean occire* furieux*
Le monarque d'Asie, et sa mortelle espee
Dedans le tiede sang de sa gorge trempee.
En vain de Jupiter l'image il embrassa, [f°160 v°]
Et pour avoir secours sa voix luy addressa:
En vain palle et tremblante aux piés de ce Pelide
J'opposay ma poitrine à son glaive homicide,
Pour recevoir le coup de sa barbare main,
Pour recevoir l'effort* de son glaive inhumain.
Le bon homme il tira par la perruque* grise,
L'arrachant des autels, nostre vaine franchise*,

---

1 *A* Tous les maux

2 *A* Tous les maux

3 *A Ce vers ne commence pas en retrait (pas de nouvel alinéa).*

4 *A* Songe à ton propre dueil,
BC Pense à ton propre dueil,

5 *A Ce vers ne commence pas en retrait (pas de nouvel alinéa).*

Et jusques au pommeau son poignard luy passa
Par son debile* corps, qui soudain trespassa*.
Son froid sang consommé par les saisons de l'âge,
Jaillissant foiblement m'arrosa le visage.
Mourant je l'embrassay, j'embrassay mon espoux,
M'arrachant les cheveux, me martellant de coups.
Las* ô rigueur du ciel! ô voûte lumineuse![1]
O Celestes* cruels! ô Parque rigoureuse!
Il ne me fut permis de faire un plus long dueil*,
Il ne me fut permis de le mettre au cercueil,
Il ne me fut permis de clorre ses paupieres,[2]
Et de dire sur luy[3] les paroles dernieres,
On m'entraina de force en ces fatales naus*,
Avec ce peuple serf*, pour y pleurer nos maux.
Ainsi l'âge grison de ce Roy venerable,
Ainsi de Jupiter l'image inviolable
N'ont esmeu le cruel: ainsi tombeau n'aura[4]
Celuy qui tant d'enfans,[5] pere, ensepultura*!
De buscher aura faute* aux ruines Troïques,
Et de funebres pleurs en nos larmes publiques!
Encore n'est-ce assez, on va jettant le sort
Sur chacune de nous qui sommes sur ce port:
On nous va partageant comme quelque bagage,
Les filles de Priam et les brus on partage. [f°161 r°]
L'un, hardy, se promet l'Andromache d'Hector,
L'un la femme d'Helen, et l'autre d'Antenor,
L'un veut pour son butin ma Polyxene prendre,
Et l'autre veut avoir la prophete Cassandre:
De moy seule on n'a cure*, on n'a cure* de moy,
Nul de tous les Gregeois[6] ne m'affecte* pour soy.
Mais, pourquoy, cher troupeau: pourquoy filles captives
N'emplissez-vous de cris ces resonnantes rives?

---

1 *Dans C, ce vers commence en retrait (nouvel alinéa).*

2 ***A*** Il ne me fut permis luy clorre les paupieres,

3 ***A*** Et dire dessur luy

4 ***BC*** N'ont esmeu le cruel, las et tombeau n'aura

5 ***A*** Qui jadis tant d'enfans,

6 ***A*** Et nul de tous les Grecs

Pourquoy cessent vos pleurs, et pourquoy cessez-vous
D'ouvrir vostre poitrine et la plomber de coups?
Pleurons nostre Ilion, ô filles, pleurons Troye,
Et que le Ciel sanglant nos cris funebres oye*.
Les obseques faisons de Troye, et que les bois
D'Ide malencontreuse* entendent nostre voix.

LE CHŒUR

Nous ne sommes pas nouvelles
A lamenter* nos malheurs,
Nous avons continuelles
Depuis espandu des pleurs,
Que la navire Troyenne,
Arbre à Cybele sacré*,
Pour nostre mal eut ancré
Sur la rive Amycleanne.

Depuis, les steriles branches
De tes solitaires bois
On a veu de neges blanches
Enfariner* par dix fois,
Ide: et les plaines fecondes
De Gargare et de Sigé
Depuis ont dix fois chargé
Leur sein de javelles blondes.

Nul jour en tout cest espace [f°161 v°]
Exempt de pleurs n'a esté:
Comme une[1] infortune passe,
Survient une adversité.
Tousjours un nouvel esclandre*
La fin de nos malheurs suit,
Qui nouveaux regrets produit,
Et nouvelles pleurs engendre.

Allez Royne venerable,
Lamentez* vostre accident*,

---

[1] *A* un

Levez la main miserable,
Nous vous irons secondant.
Las*! nous vous suivrons, chetives*,
Vos plaintes accompagnant:
Aux pleurs qui nous vont baignant
Nous ne sommes apprentives*.

HECUBE

Sus* donc, compagnes fideles
De nos malheurs, déliez
Déliez les tresses belles
De vos cheveux deliez:
Qu'à val* vostre col d'ivoire
Ils tombent esparpillez,
Et larmoyant les souillez
Dedans ceste poudre* noire.

Vos espaules albastrines
Despouillez, et vos bras blancs,
Et vos honnestes poitrines
Découvrez jusques aux flancs:
Vos robes soyent avalees*.
Aussi bien pour quel espoux,
Esclaves, garderez-vous
Vos pudicitez volees? [f°162 r°]

Ceste façon m'est plaisante,
Et convient à nostre estat.
Que vostre main forcenante*
Vostre triste sein ne bat?
Pleurons nos malheurs Troïques,
Pleurons et pleurons encor
La mort funeste d'Hector,
Reveillans[1] nos pleurs antiques.

---

[1] *AB* Reveillant

LE CHŒUR

Nos perruques* destachees
De leurs cordons, vont mouvant
Sur nostre dos espanchees,
Comme ondes au gré du vent:
Nous allons leur blonde soye
Et nos fronts deshonnorant
De cendres, le demeurant
De nostre defuncte Troye.

HECUBE

Or* desployez vos mains blanches,
Que vostre sein soit déclos,
Que vos habits jusqu'aux hanches
Vous tombent dessur* le dos:
Et puis selon que la rage
De vostre juste langueur
Vous animera* le cœur,
Faites à vos corps outrage*.

Que les Rheteannes rives
Resonnent horriblement*
Sous vos angoisses* plaintives
Et vostre gemissement.
Qu'Echo, qui Deesse hante
Les antres des monts secrets,
Vos[1] lamentables* regrets [f°162 v°]
D'une longue voix rechante*.

Que la mer vos cris entende,
Et le Ciel, les escoutant,
Par le monde les espande,
Nos esclandres* racontant.
Il faut qu'un plus grand son j'oye*
De nos seins que nous battons,
Puis qu'Hector nous lamentons*,
Hector l'ornement de Troye.

---

[1] *A* Nos

LE CHŒUR

Pour toy souffrent nos Esprits*,
Pour toy redoublent nos cris,
Pour toy cendre Hectoride
Nous sentons[1] d'aspres efforts*,
Et pour toy de nostre corps
Coule le sang humide*.

Tu estois le seul support,
Le mur, le rampart, le fort
De nostre destinee:
Nostre esperance mourut
Par le dard* qui te ferut*,
Troye en fut ruinee.

Elle arresta les destins
Pendant que tu la soustins,
Hector, et le jour mesme
Que la mortelle* Clothon
Devida ton peloton,
Luy fut son jour supreme.

HECUBE

Hector est assez ploré
De vos cris lamentables*,
Que Priam soit honoré
De complaintes semblables. [f°163 r°]

LE CHŒUR

Entens, des Dardanes Roy,
Nos plaintes, et les reçoy,
Reçoy nos fertiles pleurs,
Reçoy nos longues douleurs.
Tu as, cher vieillard, deux fois
Esté prins* par les Gregeois,

---

1 *A* Nous souffrons

Deux fois Troye tu as veu
Ardre* d'Achaïque feu,
Et ses murs deux fois outrez*
Par les Herculides tretz.
Apres que tu as les[1] corps
Brulé de tes enfans morts,
Et logé leurs ossemens
Aux antiques monumens,
Tu es tombé le dernier
Chez l'avare* Nautonnier*,
Immolé du Pelean
A Jupiter Hercean:
Et maintenant comme un tronc,
Ton corps couché de son long,
Va sans sepulchre pressant
Ce rivage blanchissant.

HECUBE

Cessez, filles, cessez vos langoureuses plaintes,
Estouffez les soupirs de vos ames contraintes,
Laissez laissez vos pleurs, vos gemissables* pleurs,
Laissez vos tristes chants, et les tournez ailleurs.
Le destin de Priam ne semble lamentable*,
Le destin de Priam ne luy est miserable,
Priam est bien-heureux, qui bornant* son ennuy*,
Vieil a veu trebucher* son royaume avec luy.
Maintenant asseuré* de tous humains encombres* [f°163 v°]
Il erre* aux Elisez entre les saintes Ombres
Sous les fueillages frais des myrtes odoreux*,
Recherchant son Hector, ô qu'il est bien heureux!
» O bien-heureux celuy, qui mourant en la guerre,
» De soymesme heritier ne laisse rien sur terre:
» Ains* voit tout consommer* devant que de mourir,
» Et avecque sa mort toute chose[2] perir!

---

1 *BC* le
2 *A* toutes choses

LE CHŒUR

Mais voicy le Heraut de l'armee Argolique,
Il nous est envoyé pour quelque chose inique,
Je tremble, et le frisson me glace tout le corps.

HECUBE

Il nous faut, volontiers*, laisser ces tristes bords.

LE CHŒUR

Adieu terre Troyenne.

HECUBE

A moy ce dur message,
Quel qu'il soit, appartient, il vient pour mon dommage*.
Heraut, quel infortune encore nous assaut*?
Nostre malheur extreme a-til quelque defaut*?
Veut-on sacrifier? veut-on de nous captives
Faire couler le sang sur ces moiteuses* rives?
Vos vaisseaux sont-ils pleins? ne les peut-on charger,
Regorgeant[1] de butin, de nos corps sans danger?
Dy, Heraut, je te pry.

TALTHYBIE

Les Argolides Princes,
Desirans retourner en leurs douces provinces*,
Sont au port assemblez pour partager entr'eux
Les despouilles qui sont en leurs navires creux:
Ils vont jetter le sort sur les Troïques Dames,
Puis ils departiront* toutes les autres ames.

HECUBE

Hé hé.

TALTHYBIE

Mais par honneur, les Gregeois ont fait don
De la vierge Cassandre au grand Agamemnon,

---

[1] *A* Regorgeans

Cognoissant qu'il l'aimoit.

HECUBE

Quoy? ma fille Cassandre?

TALTHYBIE

Elle mesme: je suis envoyé pour la prendre.

HECUBE

Cassandre, que Phebus a retenuë* à soy?

TALTHYBIE

Elle a gaigné le cœur d'Agamemnon le Roy. [f°164 r°]

HECUBE

Elle a sa chasteté consacree à Minerve.

TALTHYBIE

» Le vœu ne sert de rien à celle qui est serve*.

HECUBE

Hé bons Dieux, ma Cassandre!

TALTHYBIE

Et quel plus grand honneur
Luy sçauroit[1] advenir que d'estre à tel seigneur?

HECUBE

La fille d'un grand Roy, ta prestresse divine,
O Phebus crespelé*, servir de concubine!
Venez, fille, et ostez ces templettes* qui sont
Autour de vostre teste, honneur de vostre front:[2]
Jettez cet habit saint, ces robes solennelles,
Ces girlandes jettez, pour vos nopces nouvelles.
Mais dy moy qui aura Polyxene, des Grecs?
Qui la femme d' Hector?

---

1 ***A*** Luy pouvoit

2 ***ABC*** Autour de vostre teste, autour de vostre front:

TALTHYBIE

Vous le sçaurez apres,
Le sort n'est pas jetté.

HECUBE

Moy que le dernier age
Et le mal debilite*, entreray-je en partage?
Seray-je mise[1] au sort? aura-ton le soucy
De m'embarquer vieillotte et enlever d'icy?

CASSANDRE

O bien-heureux Hymen! souhaitable Hymenee!
O saint lict nuptial! couche bien fortunee!
O nopçage royal! Il vous convient parer,
Cheres filles de Troye, à fin de l'honorer.
Garnissez-vous de fleurs, et d'allegre courage*
Chantez autour de moy ce fatal mariage.

HECUBE

Filles reparez*-vous, allumez[2] des flambeaux,
Et changez vos regrets en carmes* nuptiaux.

CASSANDRE

Consolez-vous, Madame: Helene l'adultere
N'a tant à nostre race* apporté de misere,
De meurtres et d'horreurs* en si grande foison,
Que j'en iray combler d'Atride la maison.[3]
Esgorger je feray le prince de Mycenes[4]
Dans son propre palais, et ressentir les peines
De mon vieil geniteur*, que les sanglantes mains [f°164 v°]
Des Grecs ont massacré dans ses Penates saints.
Esgorger je feray (j'en saute d'allegresse)
Le grand Agamemnon, monarque de la Grece,
Par sa femme impudique*, et l'homicide dol*

---

1 **B** mis
2 **A** apportez
3 **A** Que j'en iray combler l'Atreide maison.
4 ***B** Ce vers commence en retrait (nouvel alinéa).*

Du fils Thyestean, son adultere mol*.
Je seray vengeresse et du sang de mes freres,
Et du sang de Priam, contre leurs[1] adversaires.
Agamemnon je voy le poignard dans le flanc,[2]
Contre terre estendu se touiller* en son sang,
Se mouvoir, se debatre, ainsi qu'un bœuf qu'on tue,
Apres le coup mortel s'efforce*, s'évertue*,
Se tourne et se retourne, et par ce vain effort*
Cuide* se garantir de la presente mort.
Puis je voy la fureur* du parricide Oreste,
Comme sa mere il tue, et le fils de Thyeste,
Et comme transporté d'amour hymenean*
Pyrrhe il va massacrant, le meurtrier de Priam.
Resjouy toy mon cœur: car bien que je trespasse*[3]
Avec ce bel espoux, la mort m'est une grace.
Car quel desir de vie, et quel contentement
Puis-je avoir en[4] ce monde, où je suis en tourment*?

TALTHYBIE

L'aspreur* de ton desastre* est cause que tu jettes
De ton esprit mal-sain ces menaces profettes*,
Qui pourtant* n'adviendront: Jupiter le grand Dieu
Ces desastres* fera tomber en autre lieu.
Il favorise Atride, et d'Atride il prend cure*,
Qui est son propre sang, et sa progeniture.

HECUBE

Ma fille, leurs malheurs n'amoindrissent de rien
Les maux que nous portons*.

CASSANDRE

Ils nous consolent bien.

HECUBE

Ils n'egalent en rien nos miseres fatales.

---

1 ***B*** leur *(lapsus)*
2 ***A*** *Ce vers ne commence pas en retrait (pas de nouvel alinéa).*
3 ***A*** *Ce vers ne commence pas en retrait (pas de nouvel alinéa).*
4 ***A*** de

CASSANDRE
Les miseres des Grecs sont aux nostres egales.[1] [f°165 r°]

HECUBE
Quand nous n'aurions souffert que ce siege outrageant*.

CASSANDRE
Ils n'ont pas moins souffert que nous, en assiegeant.

HECUBE
Nos murs sont engloutis de[2] flammes vagabondes.

CASSANDRE
Leurs vaisseaux periront engloutis par les ondes.[3]

HECUBE
Nous avons veu mourir nos maris devant nous.

CASSANDRE
Leurs femmes n'ont pas moins perdu leurs chers espous.

HECUBE
Depuis dix ans entiers nous n'avons fait que plaindre*.

CASSANDRE
Depuis dix ans entiers elles n'ont fait que craindre.

HECUBE
Nos peuples sont destruits.

CASSANDRE
Leurs peuples sont ainsi.

---

[1] ***A** vers 357-358:*
HECUBE: Ils ne scauroyent oncque estre égaux à nos encombres.
CASSANDRE: Rien ne peut égaler leurs futurs malencontres.

[2] ***A*** des

[3] ***A*** Leurs vaisseaux, engloutis, periront sous les ondes.
BC Leurs vaisseaux periront engloutis sous les ondes.

HECUBE

Mon Hector est occis*.

CASSANDRE

Achile l'est aussi.

HECUBE

Priam entre mes mains a sanglant rendu l'ame.

CASSANDRE

Agamemnon mourra par les mains de sa femme.

HECUBE

J'ay versé dessur* luy tant d'humeur* de mes yeux.

CASSANDRE

Elle ne versera que mots injurieux.[1]

HECUBE

Nostre Hymen est dissout par ce dur homicide.

CASSANDRE

La mort d'Agamemnon marira* Tyndaride.
Non, Madame, croyez, le mal continuel
Des Grecs est cent fois plus que le nostre cruel.
Les Grecs pour recouvrer une femme lascive
Mille naus* ont remply[2] de la jeunesse Argive,
Mille naus* ont conduit devant une cité,
Qui leur a par dix ans, à leur dam*, resisté:
Combien la peste noire aux ailes sommeilleuses*
En a fait devaler* aux ondes Stygieuses?
Combien le bruyant Mars? et combien de Neptun
En fera trebucher* le courroux importun?

---

1 *A vers 371-372:*
HECUBE: J'ay sur luy respandu tant d'humeur de mes yeux.
CASSANDRE: Elle espandra sur luy des mots injurieux.

2 *A* Ont emply mille naus

Puis ceux qui perissoyent autour de nos murailles
Avec l'ame perdoyent l'honneur des funerailles,
Loingtains de leurs maisons, et n'avoyent autour d'eux
Leurs femmes, lamentans sur leurs corps hasardeux*,[1]
Qui les tinssent mourans, devestissent leurs armes, [f°165 v°]
Et ne pouvant[2] parler sanglottassent des larmes,
Leur composant* les yeux, les baisant, embrassant,
Et leur fuyant esprit* des lévres ramassant.

LE CHŒUR

Encores la pluspart privez de sepulture
Aux oiseaux charongners*[3] ont fourni de pasture:
Ou si de quelque amy le charitable soin
A leurs corps inhumez, c'est de leur terre loin,
C'est loin de leur famille, et des tombes moiteuses*,
Où sont de leurs ayeux les reliques* poudreuses*.

CASSANDRE

Les Troyens au contraire armez pour leur pays,
Leurs temples, leurs enfans par les Grecs envahis,
Ont dix ans combatu, dix ans entiers, et ore*
Sans la fraude* Argolique ils combatroyent encore.
Et quel plus grand honneur, sçauroit-on acquerir
Que sa douce patrie au besoin secourir?
Se hazarder* pour elle, et courageux respandre
Tout ce qu'on a de sang, pour sa cause defendre?
» Toute guerre est cruelle*, et personne ne doit
» L'entreprendre jamais, sinon avecques droit:
» Mais si pour sa defense et juste et necessaire
» Par les armes il faut repousser l'adversaire,
» C'est honneur de mourir la pique dans le poing
» Pour sa ville, et l'avoir de sa vertu* tesmoing.
Si le nerveux* Hector, de Bellonne le foudre,
Ne fust mort combattant sur la Troyenne poudre*,
Des Gregeois assailly: si Paris, et tous ceux

1 *A* lamentans leurs trespas hasardeux,
2 *AB* pouvans
3 *ABC* charongniers

Que cette terre mere en ses[1] flancs a receus,
Gisans dessus l'arene*, abbatus par les armes,
Pour nous vouloir sauver des Dolopes gendarmes*:
Bref, si la caute* Grece à nos ports n'eust ancré
Pour les murs d'Ilion renverser à son gré, [f°166 r°]
Nostre nom fust sans gloire, et nos belles loüanges,
Mortes, n'eussent passé jusqu'aux terres estranges*:
Le nom fameux* d'Hector au tombeau fust esteint,
Et n'eust vaguant* par l'air aux estoiles atteint.[2]

TALTHYBIE

Mets fin à tes propos, ô Vierge, et ne dedagne*[3]
D'estre d'Agamemnon l'amoureuse compagne.[4]
Allons, il nous attend.

CASSANDRE

Allons, Heraut, allon
Il me convient quitter les lauriers d'Apollon.
Adieu Patarean, ton service je laisse,
Agamemnon de force emmeine ta Prestresse.
Adieu chere patrie, Adieu Madame, adieu,
Adieu mes sœurs, et vous qui dormez en ce lieu,
Mes freres, inhumez dans les sepulchres sombres,
Non plus freres, helas! mais seulement des ombres,
Vous me verrez bien tost, bien tost vous me verrez
Sur les rivages noirs, où palles vous errez*,
Poussant avecques moy le Roy des Argolides,
Et sa race* infectant* d'infames* parricides.

HECUBE

Adieu ma fille, adieu. Je nen puis plus, je meurs,
Parque tranche ma vie, et m'oste ces douleurs.
Hà hà.

---

1 *D porte en réalité* ces, *lapsus évident, que nous corrigeons.*
2 *A* Et n'eust, ainsi qu'il fait, aux estoiles atteint.
3 *A* dedaigne
4 *A* compaigne.

LE CHŒUR

Madame, helas! Madame. Elle est pasmee*,
Elle est sans sentiment, sa voix est enfermee:
Portons-la dans sa tente, et ne la laissons point
En ce mal angoisseux* qui son ame repoint*.

CHŒUR

Que maudit soit cent mille fois
L'execrable* Cheval de bois,
Que l'ennemi pour nous tromper
Laissa, feignant de decamper*.

Plus haut il elevoit le front [f°166 v°]
Que le chef* elevé d'un mont:
Et dans ses flancs logeoyent armez
De gros escadrons enfermez.[1]

Nous trop lourdement abusez
Des fraudes* des Gregeois rusez,
Sortons à foule, desireux
De voir ce Cheval malheureux*.

Les Prestres, le front entournez*
De chapeaux de fleurs bien ornez,
Parez de leurs vestemens saints,
La branche d'Olive* en leurs mains,

Accoururent[2] pour recevoir
Ce Cheval fait pour decevoir*,
Commandant au peuple excité*
Qu'on le tirast dans la cité.

Nul vieillard tant fust decrepit,
Et nul enfant tant fust petit,

---

1 *A vers 451-452:*
Et dans ses flancs logeoyent espars
Maints squadrons armez de soudars.

2 *D porte* accourent, *lapsus corrigé ici.*

Demeura dans la ville alors,
Ains* chacun s'elança dehors.

Les uns y portans des flambeaux,
Des fleurettes, ou des rameaux,
Loüoyent de chants devotieux*
Ce colosse[1] fallacieux*.

Nos portaux* nous mettons à bas
Renversez de nos propres bras
Pour le faire en la ville entrer
Et à Minerve le monstrer.

Ce pendant* le jour se lassa,
Et dedans la mer s'abaissa,[2]
Fondant sous[3] l'estoileuse nuit,
Qui d'un pas[4] tenebreux le suit. [f°167 r°]

Lors plus allaigres nous dansons,
L'air resonne de nos chansons,
Et des doux accords d'instrumens:
Tout est remply d'esbatemens.

Apres tant de joyeux esbats
Surviennent les joyeux repas:
Tout chacun se plonge en festins,[5]
Pleins d'allaigresses et de vins.

---

1 ***A*** Cet image

2 ***ABC*** *vers 473-478:*

Nos portaux on fait ruiner
Pour dans Ilion l'attrainer,
Nos murailles on met à bas
Pour le presenter à Pallas.

Ce pendant le beau jour lassé
S'est dedans la mer abaissé,

3 ***A*** Cedant à

4 ***ABC*** d'un pié

5 ***ABC*** Succedent les riches festins,

Puis le sommeil delicieux
Se vint heberger en nos yeux,[1]
Nos membres appesantissant,
Et nos travaux* assoupissant.

Desja tout estoit en recoy*,
Et desja le Silence coy*,
Qui marche avecques piez laineux,
Vaguoit* par les quartiers vineux.

Nous reposions ensevelis
De vin et sommeil, en nos lits,
Confortant* nos esprits lassez
Et nos corps des labeurs passez:[2]

Quand un bruit affreux de soudars*
Fut entendu de toutes pars,
Et les trompettes et les cris
Des pauvres Dardanes surpris.

Lors chacun s'éveille en sursaut,
Et de son lict effroyé saut*:
Nos maris courent estonnez*
A leurs harnois abandonnez.

Et nous leurs espouses, hurlant,
Les allons baisant, accolant*,
Des bras nous leur serrons le corps [f°167 v°]
De crainte qu'ils sortent dehors.

Nos petits enfans esperdus
En chemise, les bras tendus,

---

1 ***ABC** vers 489-490:*
Puis le Somne inaccoustumé
S'est dedans nos yeux enfermé,

2 ***ABC** vers 499-500:*
Confortant des labeurs passez
Nos corps et nos esprits lassez:

Ainsi se reclament* à nous:
Hé ma mere nous lairrez*-vous?

Nous prennent de leurs doigts menus[1]
Ou les cuisses, ou les piez nus,
Imitant nos cris redoublez
De leurs cris tendres et foiblez.

Tandis* les ennemis ardans
Mettent les portes au dedans,
Meurtrissent* d'un bras impiteux*
Ce qui se trouve devant eux.

Et ne ressortent des logis,
Que leurs glaives ne soyent rougis
Du sang de nos pauvres espous,
Qu'ils massacrent aupres de nous.

Nos enfans d'une dure main
Sont arrachez de nostre sein,
Avecques pareil creve-cœur
Qu'en nous arrachant nostre cœur.

Et nous nos espoux embrassant*,
Qui vont à nos yeux trespassant*,[2]
Avec eux au sang nous souillons
Qui sort de leurs corps par boüillons.

Mais ces Grecs par inimitié
Les mourables* foulant du pié,
Nous vont troublant en nos regretz,
Et trainent à val* les degrez*.

Les coups nous tombent sur le dos
Aussi drus que vont les sanglots, [f°168 r°]

1 ***A*** Nous serrent de leurs bras menus

2 ***ABC*** *vers 533-534:*
Et nous, embrassant nos espous
Qui vont trespassant devant nous,

Nostre parolle entrecoupant,
Et nostre gosier estoupant*.[1]

Aussi tost voyons en l'ær
Mille flammes estinceller
Dessus les maisons bourdonnant,
Et nos saints temples moissonnant.

O nuit, ô lamentable* nuit,
Qu'une Tisiphone a produit!
O nuit toute comble d'horreur*,
De sang, de braise et de fureur*!

De toy jamais à l'advenir
Ne me puissé-je souvenir,
A fin que ton image faux*[2]
Ne face rengreger* mes maux.

---

1 ***ABC** vers 542-544:*
Aussi frequens que les sanglots
Vont nostre gosier estoupant,
Et nostre voix entrecoupant.

2 ***ABC*** Et jamais ton image faux

ACTE II.

ANDROMACHE. HELEN. ULYSSE. LE CHŒUR.
ASTYANAX.

ANDROMACHE

Pourquoy, Troyenne tourbe*, avecques mains sanglantes
Arrachez-vous ainsi vos tresses blondissantes?
Pourquoy vostre estomach* allez-vous travaillant*,
Et d'un ruisseau de pleurs son albâtre mouillant?
N'avons-nous enduré toutes choses cruelles?
Qu'est-ce qui nous survient digne de pleurs nouvelles?
Troye depuis n'aguere est destruitte pour vous,
Mais pour moy dés le temps que mourut mon espoux.
Quand le char inhumain du Pelian Achille [f°168 v°]
Traina le corps d'Hector trois fois devant la ville,
Que du fardeau pesant tout l'essieu gemissoit,
Et contre les cailloux sa teste bondissoit,
Qu'il traçoit le chemin d'une saigneuse suitte,
Alors, ô pauvre! alors, Troye me fut destruitte!
Alors je perdy tout, et me veis[1] arracher
Par le sort impiteux* ce que j'avois de cher:
Je souffry tous les maux qu'on endure en sa vie,[2]
Et le sac d'Ilion qui me rend asservie,
A mes extremes maux ne m'a rien adjousté
Que la seule douleur de ma captivité.
    Encor je prevy lors la Troyenne ruine,[3]
Je prevy que bien tost nous serions la rapine
Des Gregeois indomtez, n'ayant plus le support
D'Hector nostre defense encontre leur effort*:
Alors donc je ploray*, non d'Hector l'infortune,
Mais au trespas* d'Hector la ruine commune.
Car dés lors me sembla publique nostre dueil*,

---

1 ***AB*** vey

2 ***ABC*** Alors tous les tourmens j'enduray de la vie,

3 ***A** Ce vers ne commence pas en retrait (pas de nouvel alinéa).*

Et le cercueil d'Hector de Troye le cercueil.
Depuis j'ay respandu des larmes continues,
Depuis, mille soupirs j'ay poussé dans les nues,
J'ay fait mille regrets, et le Soleil doré
M'a depuis miserable, ennuyeux*, esclairé.
Mon ame s'est depuis de tristesses repeuë,
Sejournant à regret sous la grand'voûte bleuë:
Et tousjours un penser, un souvenir tousjours
De sa mort fait en moy son cours et son recours:
J'y repense sans cesse, et l'heure retardee
De mon futur trespas* est toute en son idee*.
Sans cesse je le voy, tel que le vieil Priam
L'amena racheté des mains du Pelian, [f°169 r°]
Quand[1] palle et sans couleur, despouillé de son ame,
Je le tins en mes bras (en y pensant je pasme*!)
Et que sa chere teste en mon giron* penchoit,
Et dessus luy mon œil mille pleurs espanchoit:
Qu'ainsi j'allois disant (il m'en souvient encore,
Car ces propos sans cesse en moy je rememore)[2]
Mon cher espoux, ma vie, helas! vous me laissez,
Et la mort outrageuse* a[3] vos jours avancez:
Vous sortez de ce monde au milieu de vostre âge*,
Et avec vostre fils je demeure en veufvage:
Vostre mort est la nostre, et Troye qu'on enclost
De tant de bataillons, sera prise bien tost.
Vous estiez son rampart, son appuy, sa defense,[4]
Seul à nos ennemis vous faisiez resistance:
Les femmes vous gardiez, et les enfans petits
De la fureur* des Grecs, qui les prendront captifs,
Et nous emmeneront dans leurs navires caves*
Pour nous vendre, ou tenir en leurs maisons, esclaves.
Nostre enfant servira*, si du cruel* trespas*
Je le puis garantir*, ce que je[5] n'attens pas.

---

1 *A* Que

2 *Dans AB, la parenthèse s'ouvre devant* Car

3 *Toutes les éditions présentent* à, *que nous corrigeons.*

4 *ABC* Vous estiez son rampart, vous estiez sa defense,

5 *B* ja

Car quelqu'un pour venger ou son fils, ou son pere,
Que vous avez[1] occis* au combat sanguinaire,
Ou son frere germain*, d'une tour le rûra,
Ou pendant* à mon col* d'un poignard le tûra.
Las*! Hector, sans me voir, la vie avez perdue,[2]
Et ne m'avez mourant vostre dextre* tendue,
Ne m'avez consolee, et d'un sage discours
Mon esprit conforté*,[3] qu'il retiendroit tousjours:
Ains* m'avez seulement laissé de la tristesse,
Des pleurs, et des sanglots, que je verse sans cesse.
Tels propos je luy tins son visage baisant, [f°169 v°]
Et de mes tiedes pleurs, dolente*, l'arrosant.
Je l'eusse ja* suivi, des Gregeois arrachee,
Si ce petit enfant ne m'en eust empeschee,
Il me contraint de vivre,[4] et requerir* les Dieux,
Bien que sourds à ma voix, d'en estre soucieux.
Il me prive du fruit de ma misere mesme,
De ne craindre plus rien en malheur si extréme.
Las*! je tremble de crainte, et n'espere aucun bien.
» O grand malheur de craindre et de n'esperer rien!

HELEN

Quelle tremblante peur descend en vos moüelles?

ANDROMACHE

On dit que des Enfers les portes eternelles
S'ouvrent, et qu'aux tombeaux nos ennemis gisans
Revivent derechef* pour nous estre nuisans.
Ceste funebre crainte est à chacun egale,
Et ne sçait-on encor sur qui l'effet devale*:
Mais un horrible* songe espouvante mon cœur.

HELEN

Quels songes desastreux* vous trament ceste peur?

---

1 ***ABC*** aurez

2 ***A*** *Ce vers ne commence pas en retrait (pas de nouvel alinéa).*

3 ***ABC*** Conforté mon esprit,

4 ***ABC*** Mais il me contraint vivre,

ANDROMACHE

Desja la nuit ombreuse estoit demy passee,
Et du Bouvier tardif la charrue abaissee,
Quand le somme flateux* mes langueurs* assommant*,
Apparoistre me fit mon Hector en dormant,
Non comme foudroyant les Argives armees
Lors qu'il lançoit ses feux dans leurs naus* enflammees:[1]
Mais lassé, miserable, abbatu, deformé*,
Le chef* couvert de crasse et en pleurs consommé*.
    Esveillez-vous, dist-il, esveillez-vous m'amie,[2]
Repoussez le sommeil de vostre ame endormie:
Levez-vous vistement*, ma chere ame, et cachez
Nostre petit enfant, hastez-vous, depeschez*,
Destournez* quelque part l'espoir de nostre race*.
    Lors je transi de peur: une soudaine glace [f°170 r°]
S'escoula dans mes os, mon somme s'envolla,
Et mes yeux vagabonds je tournay çà et là,
Recherchant mon Hector, de mon fils oublieuse,
Mais soudain disparut l'ombre fallacieuse*.
    O mon fils engendré d'un pere genereux*,
L'unique reconfort des Troyens malheureux,
Le germe d'une race* antique et venerable,
Qu'à vostre geniteur* vous estes bien semblable![3]
Tel tel Hector estoit, il avoit un tel port,
Il demarchoit* ainsi,[4] il estoit ainsi fort
D'espaules et de bras, semblable estoit sa grace,
Il portoit ainsi haut sa belliqueuse face.
    O mon fils, mon cher fils, verray-je point le jour,
Que reparant l'honneur de ce natal sejour*,
Vous redressez* les tours et les palais antiques
Du flambant Ilion, les Pergames Troïques?

---

1 *ABC vers 649-650:*
    Non tel qu'il foudroyoit les Argives armees
    Et qu'il lançoit ses feux dans leurs naus enflammees:

2 *A Ce vers ne commence pas en retrait (pas de nouvel alinéa).*

3 *ABC* A vostre geniteur que vous estes semblable!

4 *A* ainsin,

Verray-je point le temps, que nos peuples espars
Vous r'assemblez, leur Roy, dedans nouveaux rempars,
Que la gloire et le nom ressusciter je voye
Par vos armes, mon fils, d'une nouvelle Troye?
Mais, ô chetive* femme! où vaguent* tes esprits*?[1]
Où errent* tes pensers? quelle fureur* t'a pris?
Tu songes des palais, des tours, des diadémes,
Et ne commandons pas seulement à nous mesmes.
Nostre vie est en doute*, ô mon fils, et je crains
Qu'à ceste heure à ceste heure on t'oste de mes mains.
Où te pourray-je mettre? helas! quelle cachette[2]
Pour sauver mon enfant me sera bien secrette?
Ceste ville orgueilleuse, abondante en tous biens,
Dont les Dieux ont basti les beaux murs anciens,
Fameuse* par le monde, ore* n'est qu'une poudre*, [f°170 v°]
Où les Dieux courroucez l'ont toute fait resoudre*:
Si* que d'une cité jadis si trionfant
Seulement il ne reste où cacher un enfant.
Le sepulchre est icy, que Priam fist construire
Pour les manes*[3] d'Hector, on ne l'ose destruire,
L'ennemy le revere, et a peur d'y toucher,
Il me faut là mon fils Astyanax cacher.
Et quel lieu luy sçauroit estre plus salutaire?
Qui pourra mieux garder un enfant que le pere?
Las*! le poil* me herisse, et j'ay le cœur tout froid
Pour l'effroyable abord de ce funebre[4] endroit.

HELEN

Plusieurs se sont sauvez d'une mort poursuivie*,
Se feignans estre morts, bien qu'ils fussent en vie.

ANDROMACHE

J'ay crainte que quelqu'un me voise* deceler*.

---

[1] *A Ce vers ne commence pas en retrait (pas de nouvel alinéa).*

[2] *A Ce vers ne commence pas en retrait (pas de nouvel alinéa).*

[3] ***ABC*** les Manes

[4] *A* funeste

HELEN
N'ayez aucuns tesmoins qui en puissent parler.

ANDROMACHE
Si lon me le demande, helas! qu'auray-je à dire?

HELEN
Vous direz qu'on l'a peu au sac de Troye occire*.

ANDROMACHE
Et que nous servira de feindre qu'il soit mort?

HELEN
Pour sa vie asseurer* de l'adversaire effort*.

ANDROMACHE
Il ne peut long temps estre en ceste tombe obscure.

HELEN
Des vainqueurs ennemis le colere ne dure.

ANDROMACHE
Il me sera tousjours en pareille terreur.

HELEN
Il ne faut qu'eviter la premiere fureur*.

ANDROMACHE
Las* je ne sçay que faire! Or* à toute avanture*
Allons, mon doux soucy*, dans ceste sepulture.
Dieux, si quelque pitié vos courages* repaist,
Si l'amour maternelle à vos yeux ne desplaist,
Et si des Phrygiens les supremes miseres
Ont de vos deïtez* amorti* les coleres,
Helas! pardonnez-nous, et pardonnez à ceux,
A qui ont pardonné les glaives et les feux: [f°171 r°]
Ou si tant de malheurs n'ont peu vous satisfaire,
Conservez* cet enfant et meurtrissez* la mere.

Toy toy vaillant Hector, qui les tiens as tousjours
Des Gregeois defendus, vien nous donner secours:
Garde le cher larcin de ta femme piteuse*,
Et sauve ton enfant en ta tombe cendreuse.
Or* entrez, mon enfant, demeurez là dessous,
C'est pour vostre salut. Pourquoy reculez-vous?
Pourquoy refuyez*-vous? vostre ame genereuse*
Dedaigne volontiers ceste cache honteuse,
Il vous fasche de craindre: helas! mon cher souci*,
Ce n'est à faire à nous de lever le sourci*.
» Le malheur nous accable: il faut que le courage*
» Nous croisse et nous decroisse avec le sort volage,
» Et suivre la saison.[1] Sus* donc entrez dispos*
Au creux de ce tombeau, d'Hector le saint repos.
Là, si des immortels la haine est assouvie,
Et leur plaist nous aider, vous sauvez vostre vie:
Que si le malheur dure et veut que vous mourez,
Dans ce larval* sepulchre un tombeau vous aurez.

HELEN

Retirez-vous soudain, voicy venir Ulysse:
Il ourdist* contre nous quelque enorme* malice*.

ANDROMACHE

Que la terre ne s'ouvre, et l'Enfer ne se fend
Pour enclorre* en son sein le corps de mon enfant!
Sus* Hector leve toy, fay separer* la terre
Dessous Astyanax, puis soudain la resserre.
Voicy nostre ennemi, le Troïque flambeau:
Dieux chassez telle horreur* bien loin de ce tombeau.

ULYSSE

Nos vaisseaux sont tous prests de laisser le rivage,
Mais un seul poinct retient des Grecs le navigage*.

ANDROMACHE [f°171 v°]

Le vent ne souffle à gré?

---

[1] *A vers 733-735 non guillemettés.*

ULYSSE

La mer[1] est calme assez.

ANDROMACHE

Les soldats espandus* ne sont tous ramassez*?

ULYSSE

Ils sont dedans les naus* prests de mouvoir les rames.

ANDROMACHE

Que ne laissez-vous donc ces rivages infames*?

ULYSSE

Nous craignons.

ANDROMACHE

Las*! et quoy? que craignez-vous encor?
Sont-ce les os de Troye, ou les cendres d'Hector?

ULYSSE

Nous redoutons sa race*.

ANDROMACHE

Helas elle est esteinte!

ULYSSE

Si* en avons-nous peur.

ANDROMACHE

O la gentille* crainte!

ULYSSE

Tandis qu'Hector vivra dans le sang de son fils,
Nous recraindrons* tousjours les Troyens déconfits*:
Tousjours nous semblera que le malheur renaisse,

---

[1] ***ABC*** Le vent

Qu'une flotte Troyenne aborde dans la Grece,
Qui nous vienne darder*[1] de Troye les tisons,
Et en face embraser les Argives maisons.
Ce menaçant danger panchera sur nos testes
Tandis que les Troyens pourront lever les crestes,
Et que le fils restant d'un si grand belliqueur*,
Comme estoit vostre Hector, leur haussera le cœur*.

ANDROMACHE

Est-ce vostre Calchas, qui ces frayeurs vous donne?

ULYSSE

Quand il n'en diroit rien, un chacun le raisonne*.

ANDROMACHE

Redouter un enfant?

ULYSSE

Un enfant heritier
Des[2] sceptres et vertus* d'un Prince si guerrier.

ANDROMACHE

En un âge si tendre?

ULYSSE

Il est tendre à ceste heure:
Mais tousjours en son âge un enfant ne demeure.
Ainsi l'enfant foiblet d'un Taureau mugissant,
A qui ne sont encor les cornes paroissant,
Incontinent* accreu d'âge et force, commande
Au haras* ancien, sa paternelle bande*.
Ainsi d'un tronc de Chesne un scion renaissant,
Qui va dans un hallier imbecile* croissant,
Egal en peu de temps de hauteur à son pere, [f°172 r°]
Eleve dans le Ciel sa teste bocagere.
Ainsi d'un grand brasier qu'on pensoit amorti*

---

1 ***ABC*** lancer
2 ***C*** De

Un simple mecheron* de la cendre sorti,
Dans la paille s'accroist, si* que telle scintille*
En peu d'heures pourra devorer une ville.

ANDROMACHE

N'ayez crainte de luy, nostre malheur cruel*
Luy a filé bien jeune un trespas* casuel*:
Bien jeune devalé* dans l'infernal abysme*
Il est allé revoir son pere magnanime*,
Le pauvret, et encor il n'a sepulchre aucun,
Si Troye ne luy sert de sepulchre commun.
N'ayez peur que jamais vos enfans il effroye,[1]
Qu'il repare jamais les ruïnes de Troye,
Qu'il bastisse un royaume en ces bords desertez,
Et rassemble en un corps les Troyens escartez*.
N'ayez peur, n'ayez peur qu'à vostre mal* il croisse,
Et qu'au rivage Grec jamais il apparoisse
Conducteur d'une armee, à fin de se venger,
Que Mycenes il aille ou Argos assieger.

ULYSSE

Je sçay que la pitié, la pitié maternelle
Vous peut faire trouver ma demande cruelle*:
Mais si considerez, vuide* de passion*,
Combien sa vie importe à nostre nation,
Combien le Grec soudard* chenu* dessous les armes,
A crainte de rentrer en nouvelles allarmes*,
Franchir* nouveaux dangers, apres avoir le sein*
Par tant de durs combats de mille ulceres* plein,
Vous mesme excuserez cet acte necessaire,
Et ne m'estimerez pour cela sanguinaire.
Je ferois le semblable* envers mon propre fils,
Et jadis le semblable*, Agamemnon, tu fis, [f°172 v°]
Livrant ton Iphigene à Diane homicide
Pour sauver nos vaisseaux retenus en Aulide.
Ne trouvez donc estrange* et dur ce que je dis,
Puis que ce Roy vainqueur l'a bien souffert jadis.

---

1 *A Ce vers ne commence pas en retrait (pas de nouvel alinéa).*

ANDROMACHE
Pleust à Dieu, mon enfant, que, ta mere, je sceusse
En quelle part* tu es, et qu'avec toy je fusse:
Je sceusse par quel sort tu m'as été ravi,
Si d'un maistre la main te retient asservi,
Si par les creux deserts, vagabondant tu erres*
Ces plaines traversant, inhospitables* terres.
Si la flamme rongearde a ton corps consommé*,
Si des Palais tombans les toicts t'ont assommé,
Si le vainqueur cruel* s'est joué de ta vie,
Ou si de toy les Ours ont leur faim assouvie,
A fin que le souci qui douteuse* me mord
S'allentist* entendant ou ta vie ou ta mort.

ULYSSE
Laissez-là ces propos déguisez d'artifice,
Vous ne sçauriez tromper de paroles Ulysse.
Dites moy clairement[1] sans plus dissimuler,
Où est Astyanax, où se fait-il celer*?

ANDROMACHE
Où est le preux* Hector, où est Priam, Troïle?
Où sont les Phrygiens, où Troye nostre ville?

ULYSSE
Dites-le de vous mesme, ou lon vous contraindra*.

ANDROMACHE
Que mon corps on torture ainsi que lon voudra.

ULYSSE
Vous le confesserez apres un long martyre.

ANDROMACHE
Il n'est tourment* si grand qui me le face dire.

---

1 ***ABC*** rondement

ULYSSE

Pourquoy retaisez*-vous ce que vous sçavez bien?

ANDROMACHE

Pourquoy m'enquerez*-vous ce dont je ne sçay rien?

ULYSSE

Il faudra tost ou tard, s'il vit, qu'il apparoisse.

ANDROMACHE

Pourquoy voulez-vous donc me faire tant d'angoisse*?

ULYSSE

Vous retardez l'armee ardante* du retour. [f°173 r°]

ANDROMACHE

Je ne suis nullement cause de son sejour*.

ULYSSE

Nous avons arresté* ne quitter ceste terre,
Que n'ayons arraché[1] la racine de guerre,
Que n'ayons vostre fils. Le grand prestre Calchas
Nous defend de partir laissant Astyanas.
Où est-il? delivrez*-le: il le vous convient rendre.[2]
Depeschez*, hastez-vous, je ne puis plus attendre.

ANDROMACHE

Je ne puis delivrer* celuy que je n'ay pas.

ULYSSE

On vous fera mourir d'un horrible* trespas*.

ANDROMACHE

La mort est mon desir, si me voulez contraindre*
Venez-moy menacer de chose plus à craindre,
Proposez-moy la vie.

1 ***A*** Qu'arraché nous n'ayons

2 ***A*** il vous convient le rendre.

ULYSSE

Avec le feu sonnant*,
Les cordes et les foüets on vous ira gesnant*.
» Car l'extreme douleur est volontiers plus forte
» A contraindre* quelqu'un, que l'amitié* qu'il porte*.[1]

ANDROMACHE

De fer rouge de feu traversez-moy le sein*,
Versez dans ma poitrine et la soif et la faim,
Bourrelez*-moy le corps de flammes rougissantes,
Faites-moy consommer* en des prisons puantes,
Tenaillez, tirassez, tronçonnez-moy le corps,
Gesnez*-moy de tourmens*, donnez-moy mille morts:[2]
Bref, ce qu'eurent jamais tous les tyrans d'envie
Pour contenter leur rage, exercez sur ma vie.

ULYSSE

Que vous sert de celer* ce qu'on sçaura bien tost?
Le naturel amour que vostre cœur enclost
Bat en nostre poitrine, et comme vous, nous presse
De vouloir conserver les enfans de la Grece.

ANDROMACHE

Sus* sus* donnons plaisir aux Grecs à ceste fois:
Asseurons asseurons* malgré nous les Gregeois.
Il me faut deceler* la douleur qui me ronge,
Rien ne sert à mon dueil* le couvrir de mensonge, [f°173 v°]
Gregeois ne tardez plus, desemparez* le port,
Ne redoutez plus rien, Astyanax est mort.

ULYSSE

Quel moyen avez-vous de nous le faire croire?

ANDROMACHE

Puissé-je promptement choir* sous la voûte noire,
Que tout le malencontre* et le cruel mechef*

---

1 ***A*** que l'amour que lon porte.

2 ***ABC*** Gesnez-moy de tourmens pires que mille morts:

Qu'un ennemy souhaitte accravante* mon chef*,[1]
Si, avecques les morts, la tombe charongnere*
Ne le detient gisant privé de la lumiere.

ULYSSE

Puis que le fils d'Hector est de ce monde hors,
Il ne faut plus douter* de sortir de ces bords:
Les destins sont remplis, je porte la nouvelle
Aux Gregeois soucieux, d'une paix eternelle.
Comment, Ulysse? et* quoy? veux-tu que les Danois
Te croyent, ayant creu d'une femme la vois?
D'une mere piteuse*? est-il bien[2] raisonnable
Qu'une mere au danger de son fils soit croyable?
Elle fait grands sermens, et ne craint de s'offrir
A tous genres de mort: que peut-elle souffrir
Pire que sa douleur? craindroit-ell' le parjure
Pour crainte de la mort que mourable* elle adjure*?
» Celuy ne craindra point d'attester* faussement
» Les Dieux, qui leur courroux ne craint aucunement.[3]
Employons toute ruse, et ne portons* le blasme
D'avoir esté trompez des fraudes* d'une femme.
Voyons sa contenance: elle pleure, gemist,
Se tourne çà et là, la face luy blesmist,
Elle cuide* escouter, bref elle a plus de crainte
Que son ame ne semble estre de dueil* atteinte:
Il faut icy veiller d'un esprit entendu*.
Quand quelqu'un, Andromache, a son enfant perdu
On le va consolant de sa tristesse amere: [f°174 r°]
Mais pour Astyanax, vous n'en avez que faire,[4]
Vous estes bien-heureuse, et le ferme destin
Qui vous est si funebre, est en cela benin*,
Vous ayant delivré du plus grief* infortune,

---

1 *A* Qu'un vainqueur peut songer, me tombe sur le chef,

2 *A* donc

3 *A vers 895-896:*

» Celuy ne craint les Dieux en parjure invoquer,
» Qui de l'ire des Dieux ne se fait que moquer.

4 *A* Mais il faut envers vous en user au contraire,

Que jamais en ce monde ait porté* mere[1] aucune.
On devoit vostre fils, tiré d'entre vos bras,
Monter[2] sur une tour et le rouër* en bas.

ANDROMACHE

Bons Dieux! le cœur* me faut*, je frissonne,[3] je tremble,
Une soudaine glace en mes veines s'assemble.

ULYSSE

Elle a peur, c'est bon signe, il faut continuer:
Je luy voy, je luy voy le visage muer,
Tout va bien, poursuivons:[4] la fremissante crainte
De ceste pauvre mere a descouvert sa feinte,[5]
Il la faut augmenter. Sus*, compagnons, apres,
Empoignez, emmenez cest ennemy des Grecs,
La peste* et la poison des citez Argolides:
Eventez*, découvrez aux cavernes humides,
Furetez, voyez tout, attrainez*: il est pris.
Pourquoy regardez-vous? qui* trouble vos esprits*?
La poitrine vous bat: si* faut-il bien qu'il meure.

ANDROMACHE

La frayeur qui me prend ne vient pas de ceste heure:
Je suis de si long temps accoustumee à peur,
Qu'à la moindre occurrence* elle me coule au cœur.

ULYSSE

Et* bien, puis qu'il est mort, et que sa destinee
Ne permet accomplir nostre charge ordonnee,
Calchas veut qu'en son lieu* lon rompe ce tombeau,
Et que d'Hector la cendre on espande dans l'eau:
Qu'autrement nous n'aurons de retraitte asseuree
Par les flots escumeux de la mer coleree

---

1 *A* femme
2 *A* Porter
3 *A* je chancelle,
4 *A* Voila bon, tout va bien,
5 *A* a découvert la feinte,

De tourmente battus, si de ce grand heros
Elle n'a pour butin les cendres et les os: [f°174 v°]
Puis donc que son fils mort nos esperances trompe,
Il faut que ce tombeau presentement on rompe.

ANDROMACHE

Hé Dieux que ferons-nous? mon esprit eslancé
De deux extremes peurs, chancelle balancé
Sans sçavoir que resoudre: icy l'enfance chere
De mon fils se presente, icy les os du pere.
Las*! auquel doy-je entendre*? O Dieux des sombres nuits,
Et vous grands Dieux du ciel, autheurs de mes ennuis,
Et vous Manes d'Hector saintement je vous jure
Que rien qu'Hector je n'aime en ceste creature:
Je l'aime pour luy voir de sa face les traits,
Et pour ses membres voir des siens les vrais pourtraits[1].
Que je tolere donc? que permetre je puisse[2]
Qu'on rompe ce tombeau? que lon le demolisse?
Que sa cendre on respande, et qu'on la jette au vent,
Ou aux flots de la mer qui ces bords vont lavant?
Non qu'il meure plustost. Mais las*! t'est-il possible
Le livrer, pour souffrir une mort si horrible*?
Pourras-tu voir son corps eslancé d'une tour
Piroüetter en l'air de maint et de maint tour:
Puis donnant sur un roc d'une cheute cruelle*,
Se moudre, se broyer, s'écraser la cervelle?
Ouy, je le souffriray, et pire chose encor,[3]
Si faire se pouvoit, plustost que voir Hector[4]
Saquer* de son sepulchre, arracher de la biere,
Et le faire avaler à l'onde mariniere.
Mais quoy? cestuy-là* vit, cestuy-ci* ne vit plus,[5]
Insensible, impassible*, en un tombeau reclus.
Helas! donc que feray-je en chose si douteuse?

---

1 ***AB*** portraits
2 ***A** Ce vers ne commence pas en retrait (pas de nouvel alinéa).*
3 ***A** Ce vers ne commence pas en retrait (pas de nouvel alinéa).*
4 ***D*** d'Hector *(lapsus que nous corrigeons)*
5 ***A** Ce vers ne commence pas en retrait (pas de nouvel alinéa).*

Au contraire pourquoy branslé-je fluctueuse?[1]
Ingrate, et* doutes-tu lequel des deux tu dois [f°175 r°]
Sauver de la fureur* du cruel Itaquois?
Voici pas ton Hector qui au tombeau te prie?[2]
Mais voici son enfant qui du mesme lieu crie:
Tu dois de ton Hector avoir plus de souci,
Voire*, mais cet enfant est mon Hector aussi.
Or* donc, ne les pouvant tous deux garder* d'outrage*,
Sauve celuy des deux[3] qu'ils craignent d'avantage.

ULYSSE

Je veux faire accomplir la volonté des Dieux,
Je feray renverser ce sepulchre odieux.

ANDROMACHE

Un ouvrage sacré?

ULYSSE

Je verseray par terre
Les cendres et les os de celuy qu'il enserre.

ANDROMACHE

Les reliques* d'Hector que vous avez vendu?

ULYSSE

Il ne restera rien qui ne soit respandu.

ANDROMACHE

J'invoque des grands Dieux la dextre* foudroyante.

ULYSSE

Vous verrez dégraver* ceste tombe relante*.

---

1 ***A*** Mais pourquoy si long temps branlé-je fluctueuse?
BC Mais pourquoy, mais pourquoy branslé-je fluctueuse?

2 ***A*** *Ce vers ne commence pas en retrait (pas de nouvel alinéa).*

3 ***A*** Sus conserve celuy

ANDROMACHE

Rompre des monumens, qu'en la plus grand'fureur*
De l'esclandre* Troyen vous eustes en horreur*?
Je ne le souffriray, je feray resistance,
Le juste desespoir m'accroistra la puissance:
Telle qu'une Amazone au milieu de vos dars*
J'iray bouleversant les troupes de soudars*,
Je combatray, guerriere, et mourray pour defendre
De mon defunct espoux la sepulchrale cendre.

ULYSSE

Depeschez, Compagnons, lairrez*-vous pour les cris,
D'une femme, à parfaire un ouvrage entrepris?

ANDROMACHE

Meurtrissez*- moy, mechans, plustost que je le souffre.
Sors, Hector, leve toy du Plutonique gouffre,
Vien defendre ton corps de ce Laërtien,
Ton ombre suffira.

ULYSSE

Qu'il ne demeure rien,
Abbatez, rasez tout.

ANDROMACHE

Las*, pauvrette, je tremble!
Ils vont perdre le pere et l'enfant tout ensemble: [f°175 v°]
L'horrible* pesanteur des pierres le broira,
Le pere trespassé* son enfant meurtrira*.
Or* donc face le Ciel son vouloir sanguinaire,
Se soulent les destins, je ne puis plus que faire.
Si les Dieux inhumains ne sont encores souls
De nos calamitez, qu'ils nous meurtrissent* tous:
Que de cet enfançon ils tirent les entrailles,
Et rouges de son sang en battent les murailles,
Escarbouillent* son chef* contre un rocher froissé,
Pourveu que de son pere il ne soit oppressé*.
Peut estre esmouvras-tu des Gregeois le courage*,

Pour n'estre si boüillans au sang et au carnage,[1]
Tu n'as autre recours: sus* donc prosterne toy
Devant ton ennemy pitoyable* de soy.
Ulysse, bon Ulysse, ores* vos piés j'embrasse,
Qui fus d'un Roy l'espouse, et de royale race*:
Ces mains aux[2] piés d'aucun ne toucherent jamais,
Et n'esperent encore y toucher desormais:
Prenez pitié de moy mere tres-miserable,
Recevez mes soupirs, soyez moy pitoyable*.
Et d'autant que les Dieux vous elevent bien haut,
Soyez benin* à ceux que le malheur assaut*:
Estimant que du sort la main est variable,
Qui vous peut, comme à nous, estre un jour dommageable.
Ainsi le bleu Neptun vous prospere* au retour,[3]
Et vous face bien tost revoir le chaste amour
De vostre Penelope: ainsi vostre venuë
Deride de Laert la vieillesse chenuë,
Et le Ciel puisse ainsi Telemaq' conserver,
Et plus qu'ayeul, que pere, en honneur l'elever.
Usez vers moy de grace: hé que mon fils ne meure, [f°176 r°]
Que pour mon reconfort, helas! il me demeure.
J'ay perdu pere et mere, et freres et mari,[4]
Royaumes, libertez, tout mon bien est peri:[5]
Rien ne m'est demeuré que ceste petite ame,
Que j'avois arraché de la Troyenne flame.
Laissez-le moy, Ulysse, et qu'il serve* avec moy.
Hé peut-on refuser le service d'un Roy?

ULYSSE

Faites-le donc venir.

ANDROMACHE

Sortez ma chere cure*,
Sortez chetif* enfant, de ceste sepulture.

---

1 *A* Pour n'estre, mon enfant, si boüillans au carnage.
2 *B* au
3 *A Ce vers ne commence pas en retrait (pas de nouvel alinéa).*
4 *A Ce vers ne commence pas en retrait (pas de nouvel alinéa).*
5 *A* tout cela m'est peri:

Voyla que c'est, Ulysse: et n'est-ce pas dequoy,
Dequoy mettre aujourdhuy mille naus* en effroy?
Sus* jettez-vous à terre, et de vos mains foiblettes
Embrassez ses genous, songez ce que vous estes:
Demandez qu'il vous sauve, il est vostre seigneur,
N'en faites pas refus, ce n'est point deshonneur.
Oubliez vostre ayeul, son sceptre et diadéme,
Oubliez vos majeurs*, et vostre pere mesme,
Portez*-vous en esclave, et humble à deux genous
Suppliez-le qu'il ait quelque pitié de vous:
Arrosez de vos pleurs sa dextre* vainqueresse,
Ainsi que moy chetive*, et la baisez sans cesse.[1]

ULYSSE

Les pleurs de ceste mere attendrissent mon cœur,
Mais d'un autre costé cet enfant me fait peur,
Qui est fils d'un tel pere, et qui pourra, peut estre,
Revengeant son pays, de nous se faire maistre:
Et plonger en douleurs, en larmes et regrets,
Un jour qu'il sera grand, les familles des Grecs.

ANDROMACHE

Quoy? ces floüettes mains, ces deux mains enfantines,
Pourront bien restaurer les Troyennes ruines?
Pourront bien redresser les murs audacieux
Du cendreux Ilion, que bastirent les Dieux? [f°176 v°]
Vrayment si d'autre espoir Troye n'est soustenue,
Que de ce beau guerrier, son attente est bien nue!
Nous ne sommes, helas! en estat de pouvoir
Fascher jamais autruy, bien qu'en eussions vouloir.

ULYSSE

Je vous le laisserois[2], je n'ay l'ame si dure,
Mais il faut de Calchas suivre le saint augure.

---

1 ***ABC*** Comme me voyez faire, et la baisez sans cesse.

2 ***AB*** laisseroy

ANDROMACHE

O parjure, mechant, desloyal, affronteur,
Cauteleux, desguisé, de fraudes* inventeur,
Tu masques ton forfait, tu couvres ta malice*
D'un Prophete et des Dieux qui detestent ton vice.

ULYSSE

Allons, je n'ay loisir de contester* long temps,
Et en si vains propos despenser mal le temps.

ANDROMACHE

Permets à tout le moins que le dernier office*
Je luy face, sa mere, et qu'adieu je luy disse:
Permets permets qu'aumoins je le puisse embrasser,
Et plorer* dessus luy devant que trespasser*.

ULYSSE

Je voudrois[1] volontiers à vos pleurs satisfaire,
Je voudrois[2] vous aider, mais je ne le puis faire:
Tout ce qu'ore* je puis c'est vous donner loisir
De faire vos regrets selon votre desir.
» La douleur que lon pleure est beaucoup allegee.

ANDROMACHE

O le seul reconfort de ta mere affligee!
O lustre de l'Asie! ô l'espoir des Troyens!
O sang Hectorean! ô peur des Argiens!
O esperance vaine! ô enfant deplorable*!
Que je m'attendois voir à mon Hector[3] semblable
En faits chevaleureux, et te voir quelque jour
Au throsne de Priam tenir icy ta cour.
Las*! cest espoir est vain, et ta royale dextre*
Jamais ne portera de tes ayeulx le sceptre:
Tu ne rendras justice à tes peuples soumis [f°177 r°]
Et ne subjugueras* tes voisins ennemis:

---

[1] ***AB*** Je voudroy
[2] ***AB*** Je voudroy
[3] ***ABC*** à ton pere

Tu n'iras moissonner* les Gregeoises phalanges,
Tu n'iras de ton pere egaler les louanges*,
Tu ne meurtriras* Pyrrhe, et trainé par trois fois
Ne luy feras racler le Troïque gravois*.
Jeune tu ne feras exercice des armes,
Tu n'iras travailler* d'ordinaires allarmes
Les bestes des forests, affrontant animeux*,
L'espee dans le poing, un Sanglier escumeux,
Un grand Ours Idean, ou de carriere* viste
Tu ne suivras d'un Cerf l'infatigable fuite.
O cruauté de mort! nos murs verront helas
Un spectacle plus dur que d'Hector le trespas*!

ULYSSE

Mettez fin à vos pleurs, trop long temps je demeure*.

ANDROMACHE

Permettez moy, pour Dieu, que mon enfant je pleure,
Que je le baise encore: ô mon mignon tu meurs
Et me laisses, pauvret, pour languir* en douleurs.
Las*! tu es bien petit, mais ja* tu donnes crainte.
    Or* va, mon cher soleil, et porte ceste plainte[1]
Aux saints Manes d'Hector, ja* la main il te tend,
Et sur les tristes bords toute Troye t'attend.
Mais devant que partir que je te baise encore,
Que ce dernier baiser gloutonne je devore.
Or* adieu ma chere ame.

ASTYANAX

Hé ma mere.

ANDROMACHE

Pourquoy
Pourquoy, pauvret, en vain reclamez*-vous à moy?
Pourquoy me tenez-vous?

---

[1] *A Ce vers ne commence pas en retrait (pas de nouvel alinéa).*

ASTYANAX

Hé, ma mere, il m'emmeine.

ANDROMACHE

Je ne vous puis aider, ma resistance est vaine.

ASTYANAX

Helas! ma mere, helas! me lairrez*-vous tuer?

ANDROMACHE

Ah, que j'ay de douleur! je veux m'esvertuer*,
Je veux mourir pour luy: mais de quelle defense
Serviront mes efforts? je n'ay point de puissance. [f°177 v°]
Ils vous prendront de force, ainsi qu'en un troupeau
Lon voit un grand Lyon prendre un jeune Toreau
Pres les flancs de sa mere, et l'emporter d'audace,
Quoy que pour le sauver son possible elle face.
Prenez donques en gré d'un magnanime* cœur*[1]
De vostre cruel sort l'implacable rigueur,
Mon enfant, mon amour, prenez en patience
La mort qui vient trancher le fil de vostre enfance.
Helas! et recevez pour mes supremes vœux,
Ces larmes, ces baisers, ce toufeau de cheveux
Que j'arrache pour vous,[2] tirant de mes entrailles
Mille pleureux sanglots, vos tristes funerailles.

ULYSSE

Ces pleurs n'ont point de fin, prenez-le vistement,
Il est de nos vaisseaux le seul retardement.

CHŒUR

O Mer, qui de flots raboteux*
Esbranlez vos ondes poussees
Comme il plaist aux vents tempestueux,

1 *A Ce vers ne commence pas en retrait (pas de nouvel alinéa).*

2 ***ABC*** Que je viens d'arracher,

Guides des navires poissees*,
Où transporter nous voulez-vous,
Loin de nos rives delaissees,
Et de nostre terroir* si dous?

Sera-ce aux monts ombrageux
De Thessalie, où Penee
Par les vallons herbageux[1]
Fait une course obstinee?
Où de Tempé les tiedeurs
D'une fleureuse halenee*
Le Ciel parfument d'odeurs?

Sera-ce où les colereux flots [f°178 r°]
Tourmentent Trachin la pierreuse,
Et les hauts rochers d'Iolchos?
Ou en la Crete populeuse?
En l'Etolienne Pleuros?
Ou en Trice l'infructueuse*?
Ou la Pelopienne Argos?

Sera-ce point en ce lieu,
En ceste isle rechantee*,
Où jadis nasquit un Dieu
D'une jumelle portee:
Quand l'amour de Jupiter
Latone ayant surmontee
La fist en Dele enfanter?

Il ne nous chaut* en quelle part*
L'escumeuse mer nous écarte*,
Nous supporterons tout hazard*
Pourveu que ce ne soit en Sparte.
Qu'en tous autres lieux qu'on voudra
L'on nous espande et nous departe*,[2]
Toute terre à gré nous viendra.

---

1 *A* tenebreux

2 *A* L'on nous distribue et departe,

Mais puisse plustost la mort
Nous couvrir sous ceste arene*,
Que nous approchions du port
De l'abominable* Helene:
Qui pour nourrir les chaleurs
De sa volonté* vilaine,
Nous a filé nos malheurs.

Dés lors nostre mechant* destin
Brassoit nos futures miseres,
Quand Paris bûchoit* le sapin
Pour bastir des naves* legeres [f°178 v°]
Sur Ide, qui en gemissoit
En longues plaintes bocageres,
Dont tout le bord retentissoit.

Si ces naus* n'eussent esté,
Paris n'eust la mer tentee:
Si la mer il n'eust tenté,
Il n'eust Sparte visitee:
Si Sparte il n'eust visité,
Il eust Helene evitee,
Peste* de nostre Cité.

Ainsi par la faute d'un seul
Nous sommes en pleurs continues:
Nos ames de continu deul*
Ont esté depuis soustenues,
Pour nos longues calamitez
En la terre et au ciel connues[1]
Aux hommes et aux deïtez.

Les Gregeoises nations
Ne sont de nos maux exemptes,

1 *A vers 1197-1198:*
Et nos longues calamitez
Sont en terre et au ciel connues

Et nos mesmes passions
Leurs femmes souffrent dolentes*:
Perdant par mesme Paris,
Et par mesme Helene, absentes*,
Leurs enfans et leurs maris.

Que bien vray le chantre sacré,
» Fils de la belle Calliope,
» A dit, pinçant son Lut sucré*
» Sur la Thracienne Rhodope,
» Que rien en ce globeux* sejour*
» N'est si franc* de la main d'Atrope
» Qu'il ne perisse quelque jour. [f°179 r°]

» Le Pole Austral tombera
» Dessus l'Afrique rostie,
» Et l'Arctique accablera
» Les campagnes de Scythie:
» Le journal* Soleil qui luit,
» Teindra sa torche amortie*
» Aux tenebres de la nuit.[1]

Ainsi rechanta* quelquefois
Sur la croupe Sithonienne
Orphé, qui oreilla* les bois
Au son de sa lyre ancienne,
Ayant reperdu au retour[2]
De[3] la cave* Plutonienne
Eurydice son chaste amour.

Ores* les esclandres* durs
De la tempeste fatale,
Qui accravante* les murs
De nostre ville royale,

---

1 *A vers 1208-1220 non guillemettés.*

2 *A* Ayant perdu à son retour

3 *A* Dans

D'Orphee approuvent la voix,
Nous monstrant que tout devale*
Dessous les mortelles loix.

ACTE III.

HECUBE. LE CHŒUR. TALTHYBIE.

HECUBE

Compagnes, qui naguere estiez l'honneur de Troye,
Et maintenant des Grecs estes la vile proye,
Soustenez-moy le corps, rompu d'âge et d'ennuis:
Esclave maintenant[1] avecques vous je suis [f°179 v°]
De Royne trionfante, et de mere feconde
De tant de fils guerriers, renommez par le monde.
 Aidez-moy, portez-moy, asseurez*-moy les pas,[2]
Levez mes foibles mains qui tombent contre-bas:
Ou de peur, mes enfans, que trop je vous ennuye,
Donnez-moy mon baston, que de luy je m'appuye.
Une langueur* pesante enveloppe mes sens,
D'heure en heure mes nerfs* se vont affoiblissans:
Et quand je suis seulette en ma tente couchee
Je meurs, de mille soings* mortellement touchee,
Et sur tout d'un noir songe: ô songe desastreux*,
Songe plein de terreur, songe malencontreux*!
Plus je suis en repos, plus ce moleste* songe
Ancré dedans mon cœur me devore et me ronge:
Ainsi que le Vautour du larron Promethé
Se paist continuement de son cœur bequeté.

CHŒUR

Et quelle vision vous est si outrageuse*?

HECUBE

Il m'a semblé, dormant, qu'une Biche peureuse,
Nourrie en mon giron*, que j'aimois tendrement,
A esté mise en proye à un Lyon gourmant,[3]

---

1 ***ABC*** Qui maintenant esclave

2 ***A*** *Ce vers ne commence pas en retrait (pas de nouvel alinéa).*

3 ***ABC*** Ravie m'a esté par un Lyon gourmant,

Qui l'a devant mes yeux en pieces déchiree,
Et sa tremblante chair gloutement devoree.
Puis un autre fantosme à moy s'est apparu,
Dont m'a la froide horreur* les veines parcouru:
J'ay veu le grand Achil, de face menaçante,
Monté sur le sommet de sa tombe pesante,
Demander à grands cris qu'on l'eust à premïer*
De quelqu'une de nous qui fust à marier.
O que j'ay grande peur que ma fille il demande!
Ou qu'elle soit choisie en nostre serve* bande*,
Pour luy estre immolee! et que j'ay peur aussi [f°180 r°]
Que mon fils Polydore ait sa part en ceci:
Que, pour estre sauvé de la guerre douteuse,
Nous avons fait nourrir* en la Thrace negeuse!
O grands Dieux de la terre et des enfers hideux,
Des songes le manoir*, conservez-les tous deux.

CHŒUR

Las* voicy Talthybie.

HECUBE

O que ne suis-je morte!

CHŒUR

Il ne vient pas à nous.

HECUBE

Cela me reconforte.

CHŒUR

Il est tout effrayé. Je ne sçay si Calchas
Se seroit avisé* de quelque nouveau cas*.

TALTHYBIE

N'est-ce pas chose estrange et de merveille pleine,
Que sans pouvoir singler sur la vagueuse plaine
Nostre flotte demeure aux clostures du port,
Et n'en puisse sortir par nul humain effort:

Que tousjours immobile et ferme* elle sejourne,
Soit qu'elle aille à la guerre, ou soit qu'elle en retourne?

CHŒUR

Quelle cause, dy nous, arreste les vaisseaux?
Qui* clost vostre retour par les marines eaux?

TALTHYBIE

Je ne le puis conter: telle chose m'effroye.
Desja Phebus rayoit* sur les coustaux* de Troye,
Et le jour repoussoit les ombres de la nuit,
Quand la terre esbranlee avec horrible* bruit
Rendit un son affreux de ses cavernes creuses,
Les bois firent mouvoir leurs testes ombrageuses,
Le mont Ide tonna du grand fracassement
Que firent ses rochers tombant horriblement*:
La mer devint troublee et se noircit d'orage,
Un abysme* apparut au milieu du rivage,
S'estant la terre ouverte et fendue en deux parts
Jusqu'au fond de l'Erebe, ouvert à nos regards.
Lors le fantosme craint de l'indomtable Achille,
Saillit du gouffre noir, tel que devant la ville [f°180 v°]
Il estoit, moissonnant*[1] les bataillons entiers
Des Troyens entassez en monceaux charongniers*,[2]
Qui portez de leur sang dans le fleuve de Xanthe,
Estoupoyent* le canal[3] de son onde bruyante.
Ou tel que dans son char, superbe* trainassant
Hector autour de Troye, il alloit paroissant.
L'espouventable son de sa rude parole[4]
Remplit l'air vaporeux de ceste rive molle:
   Allez (dit-il) allez, Argolides ingrats,[5]
Prenez les honneurs deus à l'effort* de mes bras,
Faites voiles, voguez par les eaux maternelles,

---

1 ***ABC*** Il alloit moissonnant

2 ***ABC*** Couvrant le champ poudreux de monceaux charongniers,

3 ***A*** chemin

4 ***A*** *Ce vers commence en retrait (nouvel alinéa).*

5 ***A*** *Ce vers ne commence pas en retrait (pas de nouvel alinéa).*

Allez revoir la Grece, ô ames infidelles:
Vous serez repentans d'avoir fraudé* mon los*,
Si Polyxene vierge on n'immole à mes os.
Il eut dit, et soudain plongé dans la caverne,
Il recheut* tout grondant au Plutonique Averne:
L'antre se resserra, les vents resterent cois*,
Et des flots orageux cesserent les abois*.

HECUBE

O de mes songes vrais effet trop veritable!
O pauvre Polyxene! ô mere miserable!

CHŒUR

Rentrons dedans la tente[1] et la reconfortons.
La mort ne mettra fin au mal que nous portons*?

CHŒUR

Se[2] peut-il faire qu'en nos corps,
Gisans dans le sepulchre morts
Loge nostre ame?
Et combien qu'ils soyent consommez*,
Elle n'abandonne jamais
Leur froide lame?

Que le feu devorant qui bruit, [f°181 r°]
Et en cendre nos os reduit,
N'ait pas la force
De nous manger[3] entierement,
Ains* de nous brusle seulement
L'humaine escorce?

Ou s'il nous consomme* si bien,
Que du tout il ne reste rien,
Rien ne demeure:

1 *ABC* Portons-la dans sa tente
2 *D porte par erreur* Ce
3 *A* destruire

Et que dés lors, mesme dés lors[1]
Que l'esprit* dernier est dehors,
Tout l'homme meure?

Non: mais comme d'un bois gommeux
Sort en flambant un air fumeux,
Qui haut se guide,
Et volé bien avant és* cieux
Se pert, esloigné de nos yeux,
Dedans le vuide*:

Ainsi de nostre corps mourant
La belle ame se retirant,
Au ciel remonte,
Invisible aux humains regards,
Et là, franche* des mortels dards*,
La Parque domte.

Elle sejourne avec les Dieux
En un repos delicieux,
Toute divine:
Se bien-heurant* d'avoir quitté
La terre, pour le ciel voûté,
Son origine.

D'avoir sans violens efforts
Faulsé* de son terrestre corps [f°181 v°]
Les chartres* closes,
Pour loin de son faix escarté,
Contempler en sa liberté
Les saintes choses.

Là[2] le mortel souci ne poind*,
Là[3] Lachesis ne file point,

---

1 *A* Et qu'alors mesmes, et qu'alors

2 *A* Où

3 *A* Où

Là[1] l'inconstance
Du hasard*, qui flotte tousjours
Sur nos chefs* en cet humain cours,
Ne fait nuisance.

Là de ce lourd fardeau bien tost,
Qui mon ame en tristesse enclost,
Du tout delivre*,
Puissé-je au saint palais des Dieux,
Franche* de ces maux ennuyeux*
A jamais vivre.

PYRRHE. AGAMEMNON. CALCHAS.

PYRRHE

Vous avez donc voulu faire partir l'armee,
Et la gloire d'Achil laisser desestimee*?
D'Achil par qui les murs de Troye sont à bas,
Qui a tant terracé d'ennemis aux combas,
Qui Telephe a contraint, par sa blessure sage,
De nous ouvrir sa terre et octroyer passage:
Qui a tué Troïle et le more Memnon,
Qui d'Hector l'invincible a terny[2] le renom,
Qui a Penthasilee abbatu contre terre,
Qui a tant exploité* de braves* faits* de guerre, [f°182 r°]
Couru à tant d'assauts, qui a tant saccagé
De villes et de forts au meurtre encouragé:
Encore on luy refuse, encore on luy denie
Une esclave que veut son bien-heureux Genie.
Vous trouvez inhumain de luy sacrifier[3]
La fille de Priam pour le gratifier*,
Qui avez immolé pour l'adultere Helene
A la rade d'Aulis vostre fille Iphigene.
Vous blasmez en autruy ce que vous avez fait,
Et vous semble vertu ce qui nous est forfait*.

---

1 *A* Où

2 *A* a destruit

3 *A Ce vers ne commence pas en retrait (pas de nouvel alinéa).*

AGAMEMNON

» La jeunesse ne peut commander à soymesme.
» Cet âge tousjours porte une fureur* extréme.
J'ay avec attrempance* autrefois supporté
Le colere d'Achille, et sa ferocité.
» Car tant plus nous avons sur autruy de puissance,
» Tant plus il nous convient user de patience.
» Pyrrhe, c'est peu de vaincre, il faut considerer
» Ce qu'un vainqueur doit faire, un vaincu endurer,
» Et craindre la fortune aux presens variables,
» D'autant plus que les Dieux se monstrent favorables.
Nous avons esprouvé par cet assiegement*
Que les sceptres des Rois tombent en un moment.
Pourquoy plus orgueilleux Troye nous fait paroistre?
Nous sommes au lieu mesme où elle souloit* estre.
La Fortune, Priam, qui te rend si chetif*,
Certes me fait ensemble et superbe* et craintif.
» Et cuidez*-vous qu'un sceptre autre chose je pense
» Qu'un simple nom couvert d'une vaine apparence,
» Que le moindre hazard* peut ravir à tous coups
» Sans mille naus* y mettre, et dix ans, comme nous?
» La Fortune tousjours ne se monstre si lente: [f°182 v°]
» Souvent à nous destruire elle est plus violente.
Aussi le Ciel j'atteste*, et le throsne des Dieux,
Qu'onques* je n'eus vouloir, d'abatre, furieux*,
Les Pergames* de Troye, et de mettre à l'espee
Par un sac inhumain cette terre occupee*.
Sans plus je desirois voir leur cœur endurci
Contraint à demander de leur faute merci*:
Mais du soldat ne peut l'outrageuse* insolence[1]
Tellement se domter, qu'il n'use de licence,
Quand la nuict, la victoire, et le courroux luy ont
Acharné* le courage*, et mis l'audace au front.
Donc ce qui est resté de sa rage, demeure:[2]
C'est assez, je ne veux qu'aucun de sang froid meure:
Je ne le veux souffrir, endurer je ne doy

1 ***D*** l'insolence *(lapsus)*

2 ***A*** *Ce vers ne commence pas en retrait (pas de nouvel alinéa).*

Qu'à mes yeux on esgorge une fille de Roy,
Qu'on plonge le cousteau dans ses entrailles tendres,
Et de son chaste sang on arrose des cendres:
Et que pour desguiser un si barbare faict*,
Mariage on l'appelle: il n'en sera rien fait.
Des fautes de l'armee il faut que je responde,
Sur moy le deshonneur et le blasme en redonde*.
» Aussi qui souffre un crime estre fait par autruy,
» S'il le peut empescher, offense* autant que luy.

PYRRHE

Achille n'aura donc aucune recompense?

AGAMEMNON

Si* aura, tout le monde entendra sa vaillance:
Il n'y aura quartier de ce vague* univers
Qui ne soit abreuvé de ses gestes* divers.
» La louange est le prix de tout cœur magnanime*.
» Tout brave* cœur ne fait que de la gloire estime.
Que si les trespassez* s'esjouissent* de sang,
Que dessur* son tombeau lon en tire du flanc, [f°183 r°]
Ou du gosier ouvert d'une belle genice,
Sans que d'une pucelle* on face sacrifice.
Quelle façon barbare et coustume est-ce là?[1]
Quelle execrable* horreur*? qui veit jamais cela
Qu'un homme trespassé* dans sa tombe eust envie
D'un autre homme vivant, de son sang, de sa vie?
Vous rendriez vostre pere à chacun odieux,
Le voulant honorer d'actes injurieux*.

PYRRHE

O superbe*, insolent[2] en fortune prospere,
Timide* et abbatu quand elle t'est contraire,
Des Princes le tyran, tu es accoustumé
D'avoir de nouveau feu l'estomach* allumé,

---

1 ***A*** *Ce vers ne commence pas en retrait (pas de nouvel alinéa).*

2 ***ABC*** arrogant

Et de toutes beautez lascivement[1] t'esprendre.
Tu veux donque à tous coups seul nos despouilles prendre?
Non non, sois asseuré qu'aujourdhuy malgré toy,
Sa victime ordonnee Achille aura de moy.
Que si tu la retiens, et refuses d'audace,
Je luy en envoiray de plus digne en sa place:
Aussi bien trop long temps est oysive ma main,
Priam veut son pareil, il l'aura tout soudain.

AGAMEMNON

Vrayment tu es comblé* de grande vaillantise*,
D'avoir occis* Priam, une vieillesse grise,
Que ce tien pere avoit en sa tente embrassé*,
Luy demandant le corps de son fils trespassé*.
Que ne l'imites-tu?

PYRRHE

J'imite sa proüesse*.

AGAMEMNON

De massacrer un Roy en extreme vieillesse!

PYRRHE

» La mort plus que la vie agree aux affligez.

AGAMEMNON

Les vieillards par pitié sont de Pyrrhe esgorgez.

PYRRHE

J'occis* mes ennemis.

AGAMEMNON

D'une clemence egale
Tu veux sacrifier une fille royale. [f°183 v°]

PYRRHE

La tienne as immolé, qui ores* le defens.

---

[1] ***ABC*** insolemment

AGAMEMNON

Le païs je prefere à mes propres enfans.

PYRRHE

» Il n'est point defendu par les loix de la guerre
» De tuer les haineux* de sa natale terre.

AGAMEMNON

» L'honneur et le devoir defendent maintesfois
» De faire ce qui n'est defendu par les loix.[1]

PYRRHE

» Ce qui plaist au vaincueur est loisible de faire.

AGAMEMNON

» D'autant qu'il peut beaucoup, d'autant luy doit moins plaire.

PYRRHE

Tu as accoustumé tels propos alleguer
Aux Rois tes compagnons, que tu veux subjuguer*:
Mais Pyrrhe ne veut plus souffrir ta tyrannie.

AGAMEMNON

Pour un tel Scyrien c'est trop de felonnie*.

PYRRHE

Scyre n'a point produit de tels monstres qu'Argos.

AGAMEMNON

C'est un mechant* rocher environné de flots.

PYRRHE

Aux flots et à la mer mon ayeule commande.
O que d'Atré la race* et de Thyeste est grande!

---

1 *A* » Ce qui n'est defendu par les severes loix.

AGAMEMNON

Mais tu n'es qu'un bastard, encor quand tu fus fait
Ton engendreur* Achil' n'estoit homme parfait.

PYRRHE

Je suis d'Achille fils, dont la race* est connuë
De la terre, du Ciel, et de la mer chenuë.
Eac' est sous la terre, en son ciel Jupiter,
Et l'ondeuse Thetis fait les flots agiter.

AGAMEMNON

D'Achille à qui Paris a terminé la vie.

PYRRHE

Mais d'Achille qui l'a au grand Hector ravie.

AGAMEMNON

Paris, le plus couard* des Troyens et des Grecs.

PYRRHE

Achille, qu'un des Dieux n'eust attaqué de pres.

AGAMEMNON

Je pourrois refrener l'audace impetueuse
De ce jeune arrogant, et sa langue outrageuse*,
Mais aux fautes des miens j'ay le cœur trop humain:
Car mesmes aux captifs sçait pardonner ma main. [f°184 r°]
Il faut avoir Calchas et son advis entendre*:
Si le destin le veut je la souffriray prendre.
    Toy qui as autrefois delié nos vaisseaux
Qui croupissoyent colez aux Beotiques eaux,
Qui prudent* as tollu* la demeure* des guerres,
Qui truchemen du ciel predis sur les tonnerres,
Les foudres, les esclairs, qui les destins cognois
Au paistre des oiseaux, au vol, et à la voix:
Qui sçais ce que menace* une estoile crineuse*,
Une estoile qui traine une torche flammeuse:

Dy nous, divin Calchas, aux immortels pareil,
Ce que nous devons faire, et nous donne conseil.

CALCHAS

Le sang d'Astyanax ne suffit pas encore,
Il faut que le tombeau d'Achille lon decore
Du sang de Polyxene, et qu'aux Ombres[1] de luy
Pyrrhe espouser la meine, et l'immole aujourdhuy.
Autrement à jamais nostre flote retive,
Sans pouvoir démarer* pressera ceste rive:
Et faudra que les Grecs renoncent de pouvoir,
Confinez à ces bords, leurs familles revoir.

PYRRHE. HECUBE. POLYXENE.

PYRRHE

Allez, soldats, allez, que soudain on l'amene,
C'est tardé trop long temps, amenez Polyxene:
Ja de son tiede[2] sang deust fumer le tombeau,
Ja dans sa gorge deust plonger le saint couteau:
Nous sommes par trop lens au merité salaire,
Que requierent* de nous les vertus* de mon pere. [f°184 v°]
Attrainez*, arrachez.

HECUBE

Mechans que faites-vous?
A l'aide, Citoyens, venez, secourez-nous.

PYRRHE

Hecube, pour neant* vous faites resistance,
Elle est deüe à mon pere, elle est sa recompense.
Je l'auray, laschez-la, c'est l'arrest du conseil
Qu'on arrose ses os de son beau sang vermeil.

1 ***A*** ombres
2 ***ABC*** rouge

HECUBE

O Jupiter! vois-tu sans courroux cet outrage*?
Où est ton foudre craint?

PYRRHE

Rien ne sert ce langage,
Je ne veux perdre temps, le sacrifice est prest.

HECUBE

Quel conseil* est-ce là? quel execrable* arrest?

PYRRHE

Que sur l'ombreux tombeau du valeureus Achille,
A ses Manes sacrez j'immole vostre fille.

HECUBE

Immoler? et pourquoy? qu'a Polyxene fait?
Que servira son sang? quel en sera l'effet?

PYRRHE

C'est le vouloir des Dieux, qui nostre flotte agile
Empeschent de voguer, sans guerdonner* Achille.

HECUBE

A son nom des autels faites edifier.

PYRRHE

Il n'a besoin d'autels que pour sacrifier.

HECUBE

Que l'on luy sacrifie une pleine hecatombe*.

PYRRHE

Il veut que vostre fille on immole à sa tombe.

HECUBE

Helas! pourquoy ma fille? assez l'Erebe noir

De mes enfans n'enferme en son triste manoir*?[1]
Le sang de mes enfans n'a teint assez la terre?
Mes enfans n'ont assez empourpré ceste guerre?
Ne doit de tant de morts Achille estre contant,
Sans m'oster ceste-ci* qui seule m'est restant?
Quoy? le pauvre Priam, que vous vinstes occire*[2]
Entre mes bras tremblans, ne luy doit-il suffire?
Prenez plustost Helene: Helene plus qu'aucun,
Impudique a tramé nostre malheur commun:
Par elle est mort Achille et Troye subvertie*, [f°185 r°]
Elle a mieux merité de luy servir d'hostie*.
Aussi qu'elle est plus digne, extraitte de Jupin,
D'honorer vostre Achille, extrait de sang divin:
Et qu'en rare beauté Polyxene elle passe,
Comme elle fait encore en esprit et en grace.

PYRRHE

L'Ombre du preux* Achil' veut Polyxene avoir.

HECUBE

Que mes maux à pitié vous puissent esmouvoir,
O Pyrrhe, et que les ans de moy, que l'âge oppresse,
Et de ma fille aussi l'innocente jeunesse,
Poinçonnent* vostre cœur: Pyrrhe, laissez-la moy,
C'est mon seul reconfort en ce lugubre esmoy*:
Elle me sert d'appuy, de baston de vieillesse,
Et de sa pieté* j'adoucis ma tristesse.
Las*! ne me l'ostez point, ne la faites mourir,
Vous pourriez, la tuant, maint diffame* encourir.
» Il ne faut qu'un vainqueur insolemment se porte*.
» La fortune n'est pas tousjours de mesme sorte:
» Si ore* elle vous rit, ne vous faut confier
» Qu'elle vous vueille ainsi tousjours gratifier*.
J'ay n'agueres vescu de richesses remplie*,

---

[1] *A vers 1555-1556:*
Helas! pourquoy ma fille? assez mes enfans n'ont
Parmi le sac Troyen veu l'Erebe profond?

[2] *A Ce vers ne commence pas en retrait (pas de nouvel alinéa).*

Et de felicitez Royne tres-accomplie*:
Las*! pauvre, et maintenant un seul jour m'a osté,
M'abysmant* en malheurs, toute prosperité.
Mon exemple vous meuve*, ô genereux* Pelide,[1]
Et ne soit vostre main d'une vierge, homicide.
Quel blasme vous sera-ce? et combien de rancueur*
Encourra d'un chacun ce peuple belliqueur*?
Quand en obscurcissant le clair* de vos louanges*,
On ira raconter aux nations estranges*
Qu'apres vostre victoire aurez de sang[2] rassis*
Les vierges, les enfans sur vos tombeaux occis*? [f°185 v°]
Las*! Pyrrhe, de bonne heure evitez ce diffame*,
Et d'une telle horreur* ne souillez point vostre ame:
Prenez pitié de moy, de moy prenez pitié,
Relaissez*-moy ma fille, ains* ma chere moitié.

PYRRHE

Il n'est cœur de rocher qui vos plaintes entende,
Et de compassion, les entendant, ne fende:
Mais l'humble pieté vers mon pere, qui plaint*,
Et le salut commun de la Grece m'astreint
De repousser vos pleurs, et, l'oreille fermee,
Entendre* au vueil* d'Achile et au bien de l'armee:
Armez vous de constance* encontre* le malheur,
Vous sentez* vostre esclandre*, et les Grecques le leur.
Quel nombre pensez-vous de Pelasgides meres[3]
Ont perdu leurs enfans en ces guerres ameres,
Et leurs tendres espoux, que le roux Simoïs
Enferme de ses eaux, bien loin de leurs[4] païs?
Ne pensez estre seule en vos durs infortunes,
Le dueil* nous est commun, et les pertes communes.

HECUBE

Ma fille, vous voyez mes prieres voler
Autour de son oreille et se perdre par l'air:

---

1 *A Ce vers ne commence pas en retrait (pas de nouvel alinéa).*
2 ***AB*** sens
3 *A Ce vers ne commence pas en retrait (pas de nouvel alinéa).*
4 ***AB*** leur

Ma fille, que feray-je? et que faut-il plus faire?
Parlez vous mesme à luy, c'est vostre propre affaire,
Jettez-vous à ses piés et requerez* merci*,
Peut estre vous rendrez son courage* adouci.
Il n'est pas engendré d'une Ourse Caucasine,
Et pour un cœur ne porte un marbre en la poitrine:
Adressez luy vos pleurs, et si bien l'esmouvez
De vostre douce voix, helas! que vous vivez.

POLYXENE

Pyrrhe, ne destournez vostre face en arriere,
Ne vous reculez point pour n'ouir* ma priere:
Je ne demande rien, je ne vous requiers* pas [f°186 r°]
Que me vueillez chetive*, exempter du trespas*.
Rasseurez vostre cœur, vous n'aurez peine aucune
A rejetter, felon*, ma requeste importune.
Non non, je vous suivray, n'en ayez point de peur,
Je vous suivray par tout d'un magnanime* cœur*.
   Ne me vaut-il pas mieux que je meure à ceste heure,[1]
Qu'apres mille langueurs* en service* je meure,
De mon honneur forcee*, esclave entre les mains
D'un, qui m'ira soumettre à ses[2] plaisirs vilains?
Et quel bonheur[3] pourrois-je avoir plus en ce monde,
De telle grandeur cheute* en misere profonde,
Qui suis fille d'un Roy, nourrie* avec espoir
De me voir Royne un jour dedans un throsne seoir*?[4]
Qui fus la sœur d'Hector aux armes indomtable,
Et maintenant servir* captive miserable?
Plustost puissé-je voir l'onde de Phlegethon,
Plustost puissé-je cheoir* aux caves* de Pluton,
Laissant du beau Soleil la clairté* radieuse*,
Que voir ma chasteté souffrir chose honteuse.
   Donc quand il vous plaira, Pyrrhe, allons à la mort,[5]
Aussi bien n'ay-je plus aucun autre confort*,

1 ***A*** *Ce vers ne commence pas en retrait (pas de nouvel alinéa).*
2 ***A*** ces
3 ***ABC*** plaisir
4 ***A*** D'estre d'un Roy l'espouse et dans un throsne seoir?
5 ***A*** *Ce vers ne commence pas en retrait (pas de nouvel alinéa).*

Je ne puis esperer de Fortune meilleure,
Tant nous sommes perdus, si ce n'est que je meure.
Or* vous, ma douce mere, helas! ne plorez* point,
Plustost esgayez-vous de me voir en ce poinct:
Vous deussiez maintenant, c'est vostre vray office*,
Me presenter vous mesme à ce doux[1] sacrifice,
A fin que je ne souffre asservie à leur loy[2]
Chose qui soit indigne et de vous et de moy.
» Toute fille d'honneur perdra plustost la vie,
» Que sa pudicidité* luy soit d'aucun ravie.[3] [f°186 v°]

PYRRHE

» Volontiers la vertu* le sang illustre suit,
» Et des peres l'honneur en leurs enfans reluit.
» Vrayment Nature a fait à ceux une grand'grace,
» Qui se peuvent vanter d'estre de bonne race*.

HECUBE

Vous me faites mourir, vos propos genereux*
Rengregent*, ô mon œil, mes tourmens* douloureux.
Hé, Pyrrhe, ayez pitié d'une telle jeunesse!
N'arrachez de mon sein ceste sage Princesse:
Ne la massacrez point, vous aurez un remord,
Si vous l'allez tuer, pire que n'est la mort.
Que si pour contenter l'Ombre palle d'Achille
Une hostie* il vous faut[4] de royale famille,
Me voicy, menez-moy, je tendray le gosier,
J'ay encores du sang pour le rassasier:
C'est moy, Pyrrhe, c'est moy que sa tombe demande,
C'est de mon sang vieillard* dont elle est si friande:
C'est moy qu'elle poursuit, qui Paris ay conceu,
Ce Paris dont il a le mortel coup receu.

---

1 ***ABC*** dur

2 ***A*** A fin de ne souffrir, sous estrangere loy

3 ***ABC*** *vers 1657-1658:*
» Il est bien plus aisé perdre une fois la vie
» A fille de bon cœur que de vivre asservie.

4 ***AB*** Une hostie vous faut

PYRRHE
Ce n'est pas vous, il veut ceste fille pucelle*.

HECUBE
S'il la veut, pour le moins que je meure avec elle,
A fin que plus de sang puissent boire ses os,
Et qu'un double massacre[1] appaise ce[2] heros.

PYRRHE
Vostre fille suffit, il ne faut d'avantage
Sur ce cave* sepulchre exercer de carnage:
Et encor pleust à Dieu que l'on s'en peust passer.

HECUBE
Il nous faut, il nous faut ensemble trespasser*.

PYRRHE
Attendez que la mort prochaine vous enferre.

HECUBE
Je luy suis jointe ainsi qu'aux ormeaux le lierre.

PYRRHE
Laschez-la, c'est en vain: que vous sert vostre effort*?

HECUBE
Plustost que je la lasche il me faut mettre à mort.

PYRRHE
Je ne m'en iray point sinon que je l'emmene.[3] [f°187 r°]

HECUBE
Je ne lascheray point ma fille Polyxene.

---

1 ***A*** carnage
2 ***ABC*** cet
3 ***ABC*** Je ne m'en iray point, plustost que je l'emmene.

POLYXENE

Madame laissez moy, de peur que le courroux
De ce jeune guerrier s'attise contre vous,
Et qu'il vous face outrage* en m'arrachant de force,
Et qu'à vos bras foiblets il donne quelque entorce:
Qu'il nous traine par terre, et face despiteux*
De nos calamitez un spectacle honteux,
Il faut qu'en endurant* vostre douleur s'appaise.
Tendez-moy vostre main, à fin que je la baise
Pour la derniere fois, car je ne verray plus
Esclairer* dessus moy la torche de Phebus:
Je devalle* aux Enfers en l'Avril de mon âge,
Soulant des ennemis la carnagere* rage.
Adieu Madame.

HECUBE

O Dieux! ne sçaurois-je mourir?
Le sang ne me sçauroit comme les pleurs tarir?
Doy-je voir tant de morts? et voir les funerailles
De tel nombre d'enfans sortis de mes entrailles?
O ma fille! ains* mon ame, ainsi donc je vous pers,
Et sans moy vostre mere ouvrirez les Enfers?
O pauvre! ô miserable!

POLYXENE

Il faut que je vous laisse,
Qui vous pensois servir de baston de vieillesse.

HECUBE

Vous serez loin de moy dessur* le triste bord.[1]

POLYXENE

Cela me gesne* plus que ma cruelle mort.

HECUBE

Il me faudra passer mon âge* en servitude.

---

1 ***ABC*** sur le funebre bord.

POLYXENE

Helas j'en ay au cœur grande solicitude*.

HECUBE

Chetive* apres avoir cinquante enfans perdus.

POLYXENE

Ils sont tous par Helene aux Enfers descendus,
Fors* le prudent* Helen et Cassandre, et encore
Le dernier de vos fils, le jeune Polydore,
Qui vous puisse survivre, et vous clorre* les yeux,
Quand la mort bornera vos tourments* ennuyeux*. [f°187 v°]

HECUBE

J'ay peur qu'il ne soit plus.

POLYXENE

N'ayés pas ceste crainte.

HECUBE

J'ay ceste vision encore au cœur empreinte.

POLYXENE

Que diray-je à Priam et au fameux* Hector?

HECUBE

Que je suis en ce monde où je lamente* encor.

POLYXENE

Allons, Pyrrhe, il est temps, je vous fay trop attendre:
Allons de vostre pere ensanglanter la cendre,
Il me desplaist de vivre, allons le contenter:
Allons l'impiteux* glaive en ma gorge planter.[1]

HECUBE

O desastre*, ô misere, ô malheur incroyable!
O Ciel, Ciel inhumain! ô Ciel impitoyable!

---

1 *A* Que le couteau l'on vienne en ma gorge planter.

O Dieux sourds à nos cris, vainement reclamez*,
Apres nostre carnage aboyans[1] affamez!
Pourquoy si longuement d'ans et de mal chargee
Me faites vous trainer ceste vieillesse agee,
Sans rompre le filet de mes vieux jours retors*,
Plustost qu'à mes enfans en leur jeunesse morts?
Qu'avecques mon mari n'ay-je franchi le fleuve
Du bourbeux Acheron sans luy survivre veufve?
Survivre à mes enfans en dix ans massacrez
Au siege d'Ilion, par les cousteaux des Grecs?
O Mort, que tardes-tu? qu'est-ce plus que tu tardes,
Que maintenant, au moins, mes poumons tu ne dardes*,
Affranchissant* mon ame, et la deracinant
De ce corps miserable où je me vay gesnant*?

CHŒUR

L'ame fut de celuy mechantement hardie,
Hardie à nostre mal,
Qui vogua le premier sur la mer assourdie
Et son flot inegal. [f°188 r°]
Qui d'un fraisle vaisseau raclant des ondes bleuës
Les larges champs moiteux*,
Ne craignit d'Aquilon[2] les haleines esmeuës*,
Ny de l'Auton pesteux*:[3]
Qui mesprisant la mort à ses desseins compagne,
Et prodigue de soy,
Aux moissons prefera d'une herbeuse campagne
Un element sans foy:
Et d'un cours incertain, sur des naus* passageres,
Sa terre abandonnant,
Alla, pour le proffit, aux terres estrangeres,
Leurs rives moissonnant*.
Quelle crainte de mort descendit dans ses mouëlles
Qui le peut effrayer?
Qui sans peur veit enfler la cavité des voiles,

1 ***ABC*** abayans*
2 ***ABC*** N'a craint des Aquilons
3 ***ABC*** Ny des Autans pesteux:

Et les flots abayer*?
Qui veit les rocs battus d'escumeuses tempestes
Les astres menaçans:
Et d'Epire les monts aux sourcilleuses* testes
De foudre[1] rougissans?
Qui veit les Capharés, et les rages de Scylle,
Qui veit Charybde aupres,
En son ventre engloutir les ondes de Sicile,
Pour les vomir apres?
» Sans cause Jupiter la terre a separee
» D'une vagueuse* mer,
» Si les hardis mortels de l'une à l'autre oree*
» Font leurs vaisseaux ramer.
Qu'heureux furent jadis nos regretables peres[2]
En leur temps bien-heureux,
Qui de voir, nautonniers*, les rives estrangeres [f°188 v°]
Ne furent desireux:
Ains* d'avarice* francs*, d'envie et de cautelles*,[3]
Les pestes* de ce temps,
Paisibles labouroyent leurs terres paternelles,[4]
Dont ils vivoyent contens*.
On ne cognoissoit lors les humides Pleiades,
Orion, ny les feux,
Les sept feux redoutez des pleureuses Hyades,
Le Charton*, ne ses bœufs.
Zephyre et Aquilon estoyent sans noms[5] encore,
Venus et les Jumeaux,
Astres que le nocher* palle de crainte adore,
Flambans sur ses vaisseaux.
Tiphys tenta premier la poissonneuse plaine
Avec le fils d'Eson,

---

1 *A* foudres
2 *ABC* Qu'heureux furent jadis, qu'heureux furent nos peres
3 *ABC* Ains d'avarice francs et de feintes cautelles,
4 *A* Labouroyent paresseux leurs terres paternelles,
B Labouroyent, paisibles, leurs terres paternelles, *(le vers est faux)*
C Paisibles labouroyent les terres paternelles,
5 *CD* nous *(lapsus évident)*

Pour aller despouiller une rive lointaine
De sa riche toison.
Puis nostre beau Paris de voiles et de rames
Fendit l'onde à son tour:
Mais au lieu de toison il apporta les flames
D'une adultere amour.
La Grece repassa la mer acheminee*,
Apportant le brandon*
Qui vient d'enflamber* Troye, et l'ardeur* obstinee
Du feu de Cupidon.

ACTE IIII.

MESSAGER. ANDROMACHE. TALTHYBIE. HECUBE.

MESSAGER [f°189 r°]

O spectacle cruel! ô destin miserable!
O detestable* faict*, horrible*, espouventable!
O bourrelle* Achaie! ô peuples plus felons*,
Plus barbares et durs que Scythes et Gelons!
Que les peuples cachez aux cavernes secretes
Du touche-ciel Atlas, que les fiers* Massagetes,
Nourriçons de Boree, et que les Ours ne sont,
Ou les Tigres foulans le Caucaside mont!

ANDROMACHE

Quelle fureur* t'espoind*? quelle chose inhumaine
Te transporte ô Troyen, et te met hors d'haleine?

MESSAGER

Qu'as-tu veu de semblable? et qu'as-tu veu de tel,
Chetif*, durant le temps de ce siege mortel?[1]

HECUBE

Ceste horreur* m'appartient.

ANDROMACHE

Mais* à moy miserable.

HECUBE

Mais* à moy, car tout mal m'est helas! lamentable*.
Chacun souffre le sien, mais le mal d'un chacun,
Outre mes propres maux, m'est un tourment* commun.

---

[1] *A vers 1815-1816:*
Qu'a-ton veu de semblable? et qu'a-ton veu de tel,
Durant tous les dix ans de ce siege mortel?

Par ainsi, Messager, quel quel* soit cest esclandre*
Que tu vas deplorant, il vient sur moy descendre:
Et ne peux lamenter* aucun malheur Troyen,
Survenu de nouveau, qu'il ne soit du tout mien.

MESSAGER

Astyanax est mort.

ANDROMACHE

O puissance eternelle!

HECUBE

Ne vengeras-tu, pere, une cruauté telle?

ANDROMACHE

Où est ores* ton foudre, et ce feu si grondant,
Que sur ces enragez tu ne le vas dardant*?
Ne vois-tu de là haut ces griefves* forfaitures*?
Ou si tu n'as souci de venger nos injures*?
Accable, pour le moins, mon chef*, Olympien,
Si contre les Gregeois ton foudre ne peut rien:
Accable accable moy, vien me broyer la teste,
Pour rompre la fureur* qui dedans moy tempeste,
Pour me faire revoir sur les rivages coys* [f°189 v°]
Mon fils et mon espoux, meurtris* par les Gregeois.

MESSAGER

On l'a precipité du feste des murailles.

ANDROMACHE

O quel eslancement je sens en mes entrailles!
Il faut que je le voye, et qu'avant que la mer
Nous deloge d'ici, je le face inhumer.

HECUBE

Ne bougez, entendons ce discours mortuaire*.
Toy messager poursuy, ne crain de nous desplaire.
De feu, de sang, de cris, de larmes je me pais*,

Ceste seule viande* ha mon cœur desormais:
Rien ne s'offre à mes yeux, rien ne bat mes oreilles
Que meurtres, que tombeaux, que pitiez* nompareilles:
Et retraite* à par* moy, je n'ay l'entendement
Occupé jour et nuit que de ce pensement*.
Je me soule en mon mal, je m'y bagne* et m'y plonge,
Ce plaisant desplaisir de mon bon gré me ronge.
Conte donc je te pry.

ANDROMACHE

Que la terre ne fend*,
Et ne me va piteuse* en son ventre estoufant!

MESSAGER

Il nous reste une tour de la defunte Troye,
Que le feu n'a rongé, que la cendre ne noye,
Comme les autres tours, et que les soldats Grecs
Au publique brasier ont conservee expres
Pour eternelle marque, et celebre[1] trophee
De leurs braves* labeurs* sur Troye triomphee*.
Là nagueres Priam sur les creneaux estoit[2]
Dedans son thrône assis pendant qu'on combatoit,
Et de voix et de mains, à bas sous les murailles,
Grave en longs cheveux gris, arrengeoit* les batailles*,
Mignardant* tendrement, et tenant en ses bras
Le petit fils d'Hector, luy monstrant les combats:
Et comme à coups de pique endossé* de ses armes,
Son pere alloit fendant la presse* des gendarmes*, [f°190 r°]
Les rompoit, foudroyoit, terraçoit à monceaux,
Et de sang et de feu remplissoit leurs vaisseaux.
Ceste fameuse* tour ornement de la ville,
Mais, las*! qui ressemble ore* un rocher inutile,
De peuple estoit pressee: autour de toutes pars
Eussiez veu fourmiller les chefs et les soldars*:
Chacun sort des vaisseaux, et par troupes s'assemble,
L'onde bleuë en fremist, tout le rivage en tremble.

---

1 ***ABC*** recogneu

2 ***A*** *Ce vers ne commence pas en retrait (pas de nouvel alinéa).*

    Loin s'eleve un coustau*, qui peu à peu descend
Jusqu'au pied de la tour et en plaine s'estend:[1]
Là l'Argolique[2] armee à son aise se campe.
L'un de piez et de mains à toute force rampe
Au feste des rochers, et balancé des piez
Descouvre de la mer les grands flots repliez:
L'autre grimpe en un Pin, en un Fouteau* se cache,
Ou aux bras d'un Laurier avec les mains s'attache,
Si que lon voit branler sous le moleste* pois
De ce peuple pendant, la perruque* des bois.
Cestuy-cy* veut gravir au haut d'un precipice,
Cestuy-là* sur le toict d'un fumeux edifice,
Ou sur un pan de mur à demy consommé*,
Reliques* d'Ilion par les Grecs enflammé:
Mesmes aucuns (forfait*!) se vont planter sans crainte
Sur la tombe d'Hector, inviolable et sainte,
Quand nous voyons marcher Ulysse l'inhumain
Avec Astyanax, qu'il menoit par la main:
Puis montez, en tournant, par une vis* fatale
En l'estage dernier de ceste tour royale,
L'enfant Hectorean d'un visage rassis*
Regarde constamment* les peuples espaissis*
Ondoyans par la plaine, ainsi qu'une tourmente [f°190 v°]
De longs espics flotans, quand Zephyr les évente.
    De tous costez il tourne et retourne ses yeux[3]
Lançant de toutes parts un regard furieux*,
Ainsi qu'un Lyonceau encor foiblet et tendre,
De qui la jeune dent ne peut encore offendre*:
S'efforce toutefois de mordre en son courroux,[4]
Desja sa hure il branle, et fremist à tous coups,
Il s'enfle, il se boursoufle, en ses yeux il amasse*

---

1 ***ABC*** En un large valon qui jusqu'aux murs s'estend:

2 ***AB*** Argolide

3 ***A*** *Ce vers ne commence pas en retrait (pas de nouvel alinéa).*

4 ***ABC*** *vers 1900-1903:*
Elançant la fureur, ainsi que furieux
Se monstre un Lyonceau, bien que foiblet et tendre,
Et que sa jeune dent ne puisse encore offendre,
Il tasche toutefois de mordre en son courroux,

Et en son cœur felon*, la rage et la menace.
Ainsi ce jeune enfant coleré* de se voir[1]
Entre ses ennemis, sujet à leur pouvoir,
Monstroit dessur* le front le despit* de son ame:
De ses deux yeux sortoit une brillante[2] flame
D'outrageuse* rancœur*, et la ferocité,
De son pere luisoit en son front irrité.
Ce brave* naturel superbe* et magnanime*
Esmouvoit un chacun, tous l'avoyent en estime:
Les peuples et les chefs à plorer* sont contrains,
Et chacun essuyoit les[3] larmes de ses mains,
Mesme le dur Ulysse, attendry de courage*,
De pitoyables* pleurs s'est baigné le visage.
Mais tandis que le Prestre, à par* soy murmurant
Maints et maints mots sacrez, va les Dieux adjurant*,
Les bustuaires* Dieux, qu'il invoque Neptune,
Eole et les Tritons de la mer importune,
En les propiciant* pour leur ondeux retour,
L'enfant, sans luy toucher, s'elance de la tour
Sur le dos des rochers.

ANDROMACHE

Quel Gete, quel Tartare,
Et quel Colque a commis un acte si barbare?
Quel peuple sans pitié, sans police*, sans loix,
Vivant dans les deserts, privé d'humaine voix [f°191 r°]
Et d'humaine raison, sur les monts d'Hyrcanie,
A commis, a conceu si grande felonnie*?

HECUBE

De Busire n'estoyent les sacrifices tels,
Car le sang des enfans ne teindoit* ses autels.
L'horrible* Diomede et aux Dieux execrable*,
De membres enfantins n'emplissoit son estable,

---

1 ***A*** *Ce vers ne commence pas en retrait (pas de nouvel alinéa).*

2 ***ABC*** jumelle

3 ***ABC*** ses

Et ne les entassoit dedans ses rateliers,
Pour en faire engraisser ses chevaux carnaciers.

ANDROMACHE

O miserable enfant! et qui las*! aura cure*
D'ensevelir ton corps digne de sepulture?[1]

MESSAGER

Son corps est tout froissé, tout moulu, écaché*,
Rompu, brisé, gachy*, demembré, dehaché*,
Sa teste par morceaux, la cervelle sortie,
Et bref vous ne verrez une seule partie[2]
Qui n'ait les os broyez plus menu que le grain
Qu'on farine au moulin pour le tourner en pain:[3]
Si* qu'il ne semble* plus qu'une difforme masse
Confuse de tout poinct, sans trait d'humaine face
Ny d'humaine figure, et puis le sang, qui l'oint,
Fait qu'en levant un membre on ne le cognoist* point.

ANDROMACHE

Son sort est plus cruel que celuy de son pere.
O Dieux, que vostre main est contre nous severe!
Meurtrir* ce pauvre enfant? le faire torturer
Auparavant qu'il sceust que c'estoit d'endurer*?
Me l'aviez-vous donné, me l'aviez-vous fait naistre
Pour de sa dure mort les yeux Gregeois repaistre?
Helas! et ne m'estoit-ce assez d'affliction,[4]
Que mes freres germains*, que mon pere Etion,
Que mon espoux aimé, que ma natale ville,
Thebes aux hautes tours fussent destruits d'Achille,
Si je n'avois expres un enfant par malheur, [f°191 v°]
Pour de sa mort cruelle enfieler* ma douleur?
    Enfant, où que tu sois souviens-toy de ta mere,[5]

---

1 *ABC* D'ensevelir ton corps, le mettre en sepulture?
2 *ABC* Et bref de tout son corps vous ne verrez partie
3 *ABC* pour en faire du pain:
4 *ABC* Las! ne m'estoit-ce assez, assez d'affliction,
5 *A Ce vers ne commence pas en retrait (pas de nouvel alinéa).*

Ne me laisse servir* en maison estrangere,
Supplie, si tu peux, à la noire[1] Atropos
Que bien tost avec toy je devale* en repos,
Effaçant mes ennuis* dedans l'onde oublieuse,
Les ennuis* que me fait ceste vie odieuse.
Si* faut-il, mon enfant, que j'aye le souci
De te faire un sepulchre en quelque part* ici:
Je ne permettray pas que tu sois la pasture
Des bestes, des oiseaux de gloutonne nature.
Je vay prier les Grecs.

MESSAGER

Les Grecs l'ont estendu
Dans le boucler*[2] d'Hector, pour vous estre rendu.

ANDROMACHE

O boucler*[3] l'ornement d'une dextre* guerriere,
Vous servez maintenant à mon enfant de biere!
On vous a veu jadis, ô renommé boucler*,
Plus redouté des Grecs que d'un foudre l'esclair:
Et lors je pensois folle (ô trompeuse pensee!)
Voir un jour, quand d'Hector la vieillesse avancee
Par les travaux* guerriers, luy courberoit le dos,
Que son fils heritier de son antique* los*
Se pareroit de vous, vous porteroit en guerre,
Las*! et tout au rebours* vous le portez en terre.

CHŒUR

» Nos gemissemens sont plus doux
» Quand chacun gemist comme nous:
» Nostre douleur est moins cuisante[4]
» Et mord nos cœurs plus lentement,
» Quand nostre publique tourment* [f°192 r°]
» Tout une commune* lamente*.

---

1 ***ABC*** palle
2 ***ABC*** bouclier
3 ***ABC*** bouclier
4 ***ABC*** poignante

» Ah! tousjours tousjours un grand mal
» Se plaist de trouver son egal,[1]
» Un compagnon tousjours desire:
» Et rien ne nous soulage tant
» Que de voir un autre portant*
» Le mesme dueil* qui nous martyre*.[2]

» Alors aucun ne s'apperçoit*[3]
» Miserable, encor qu'il le soit.
» Ostez les personnes heureuses,
» Ostez les riches, vous verrez
» Les pauvres qui sont atterrez*,
» Lever les testes orgueilleuses.

» Nul ne se pense malheureux[4]
» Qu'accomparé* d'un bien-heureux.
» Las*! qu'un homme qui se lamente
» Sent peu de consolation,
» Que quelqu'un en sa passion*[5]
» L'aborde la face riante.

» Celuy plus aigrement se pleint
» Qui est seul d'infortune atteint:[6]

---

1 *ABC vers 1989-1990:*
» Ah! tousjours tousjours un grand dueil
» Se plaist de trouver son pareil,

2 *ABC entre les vers 1994 et 1995, s'intercale la strophe suivante:*
« De souffrir on ne fait refus
» Un mal en tout chacun infus:
» Et plus volontiers on supporte
» L'aigreur de tout contraire sort,
» Quand on voit que sa pince mord
» Tout le monde de mesme sorte.

3 ***ABC*** » Las! personne ne s'apperçoit

4 ***ABC*** » Nul n'est reputé malheureux

5 *ABC vers 2003-2005:*
» O qu'une personne dolente
» Sent grande consolation,
» Que nul en son affliction

6 ***ABC*** « De la Fortune, qui l'estreint,

» Et plus impatient* soupire
» Qui de la tourmente agité
» Nud contre un rocher est jetté,
» Voguant avec un seul navire.

» Mais en un semblable malheur
» Semblable n'est pas sa douleur,
» Voyant encombrer le rivage
» De mille vaisseaux renversez,
» Qui par les vagues dispersez
» Ont fait avecque luy naufrage. [f°192 v°]

Phrixe traversant, sur le dos
De son belier, les traistres flots,
Avec sa sœur la pauvre Helle,
Espoinct* de grand'tristesse fut
Quand sous les ondes elle cheut*,
Par-ce qu'il n'y cheut* autre qu'elle.

Mais quand Pyrrhe et son vieil mari[1]
Restans[2] seuls du monde peri,
Veirent noyer la race humaine,
Leurs amis ne pleurerent pas:[3]
Pource* que de pareils trespas*
La vagueuse* terre estoit pleine.

Nostre dueil* devroit estre tel,
Puis qu'il nous est universel:
Mais la flote victorieuse
Rend par ses allaigres chansons,
Plus que nos propres marrissons*
Nostre fortune malheureuse.

---

1 **A** Mais quand Pyrrhe avec son mari

2 **A** Restant

3 **A** Un seul ils ne pleurerent pas:

TALTHYBIE. HECUBE. CHŒUR[1].

TALTHYBIE

O grand Dieu Jupiter! les affaires mondains
Gouvernes-tu, conduits par tes puissantes mains,
Ou s'ils vont compassez* d'un ordre de nature,
Ou si l'instable sort les pousse à l'avanture*?
D'où vient que ceste Royne, apres tant de malheurs,
En nouveau dueil* retombe et en nouvelles pleurs?[2]
Qui n'aguere aux Troyens commandoit orgueilleuse,[3]
Qui d'enfans Rois avoit une suitte nombreuse,
Femme du grand Priam, dont le renom fameux* [f°193 r°]
Par l'Asie a couru jusqu'aux Indois[4] gemmeux*:
Elle n'a maintenant ny royaume ny ville,
Ses enfans sont meurtris*, et le preux* fils d'Achille
A tué son espoux: elle n'a pour tout bien
Que le seul desplaisir de ne se voir plus rien.
Encore est-elle esclave, ô chose pitoyable*!
Je la voy là couchee à terre sur le sable.
Hecube, levez-vous, redressez vostre chef*,
Tournez vers moy les yeux.

HECUBE

Et quel nouveau mechef*
T'ameine ici vers moy? Calchas ce brave* augure
Me veut-il égorger sur quelque sepulture?
Allons, me voici preste.

TALTHYBIE

Agamemnon le Roy
Et l'exercite* Grec, qui marche sous sa loy,
Vous mande* qu'envoyez au port vostre famille,
Pour faire ensevelir le corps de vostre fille.

---

1 *A Le chœur n'est pas mentionné.*

2 *A vers 2041-2042:*
D'où vient que ceste Royne, accablee en malheurs,
Est confitte en regrets, en sanglots et en pleurs?

3 ***ABC*** sourcilleuse,

4 *A* Indes

HECUBE

Que ceste charge est dure! hé bons Dieux j'esperois
Que tous mes maux je deusse amortir* ceste fois,[1]
Que ma mort fust conclue, ô esperance vaine!
Au lieu d'elle j'entens la mort de Polyxene.
O deplorable mort! mais las*! Herault, dy moy,
A-telle fait, mourant, chose indigne de soy?
Discours moy de sa fin.

TALTHYBIE

Vous me ferez encore
Attrister de sa mort, si je la rememore:
Je ne lairray* pourtant*, puis qu'ainsi le voulez,
A fin que de douleurs vostre esprit vous soulez.
Le sepulchre d'Achille est basti sur la rive,[2]
Où l'onde Rheteanne en escumant arrive:
Derriere est un valon qui hausse* doucement,
Et qui fait en theatre un grand contournement*.
Là s'est rendu le peuple, et ceste pente ronde
Jusqu'au pied du tombeau s'est couverte de monde. [f°193 v°]
Les uns alloyent disant que ceste mort ostoit[3]
L'ancre du long sejour* qui leurs naus* arrestoit,
Qu'il falloit des haineurs* perdre toute la race*:
Mais la plus grande part du Gregeois populace*
Detestoit* ce forfait*, quand on voit les flambeaux
Porter ainsi ardans* comme aux soirs nuptiaux.
Quelques jeunes enfans, choisis entre les bandes*,
Marchoyent le front orné d'odoreuses guirlandes:
Pyrrhe suivoit apres, de la main conduisant
La vierge coste à coste, au sepulchre nuisant.
Une soudaine horreur* descend dans les moüelles
Des peuples effroyez de nopces si cruelles:
La face nous pallist, le cœur nous va battant,
Et la froide sueur à nos fronts va montant.
Un silence muet soudain couvre la plaine,

1 **A** Que tous mes maux je deusse esteindre à ceste fois:

2 *Dans **A**, les vers 2071-2162 sont par erreur attribués à Hécube.*

3 ***A** Ce vers ne commence pas en retrait (pas de nouvel alinéa).*

Nous demeurons surpris d'une frayeur soudaine.
Elle d'honneste* honte ayant les yeux baissez,
Traverse avecques luy les escadrons pressez*.
Ceste douce beauté, dont Cyprine la douë*,
Luist plus que de coustume en sa vermeille jouë,
Apparoist plus divine, et nous semble son teint
Se lustrer* d'autant plus qu'il est pres d'estre esteint.
Comme on voit sur le soir plus douce la lumiere
Du Soleil, quand il tombe en l'onde mariniere*,
Que les astres nuiteux* vont le ciel entrouvrant,
Et que le jour pressé* se va demi-couvrant.
Chacun sent de la voir attendrir son[1] courage*,
Les uns sa beauté meut*, les autres son bas* age,
Aucuns vont discourant* l'inconstance du sort,
Mais tous prisent* son cœur* si magnanime* et fort.
Elle devance Pyrrhe, et d'une franche* allure[2] [f°194 r°]
Monte au plus haut sommet de ceste sepulture:
Alors le Pelean du tombeau s'approchant,
Et de sa main l'autel reveremment touchant,
Les deux genoux pliez va dire en ceste sorte.
Reçoy, mon Geniteur*, dessus ta cendre morte
La sainte effusion* que nous t'avons voulu
Faire d'un sang virgeal*, non souillé, ny polu*:
Reçoy-le de nos mains, et que si chere offrande
Te soit propiciable*, et satisfait te rende.
Appaise ton courroux, preux* Achille, et permets
Que desancrer* du port nous puissions desormais,
Et libres et vainqueurs par ta forte proüesse*,
Sans encombre revoir les villes de la Grece.
Il eut dit, et chacun sa priere approuva,
Un murmure de voix à l'entour se leva:
Comme aux grandes citez, où le peuple commande
Par cantons* assemblé pour quelque chose grande:
Apres que le Tribun a cessé de parler,
Un tumulte* confus, un bruit s'eleve en l'air
Des tourbes* approuvant ou reprouvant la chose,

1 *A* le
2 *A Ce vers ne commence pas en retrait (pas de nouvel alinéa).*

Que pour le bien public ce magistrat propose.
Pyrrhe ayant achevé se leve tout debout,
Met la main au poignard et le desgaine tout,
Fait signe aux jeunes gens qui estoyent aupres d'elle,
De luy serrer les mains.[1] Mais adonc la pucelle*
En ces mots s'écria: Gregeois, laissez mon corps
Je mourray franchement* sans faire aucuns efforts*,
Pourveu que je sois libre*, à fin qu'entre les Manes
Serve* je ne sois veuë aux rives Stygianes,
Qui suis fille de Roy: laschez moy, je vous pry.
Lors se fist par le peuple un effroyable cry, [f°194 v°]
Voulant qu'on la laissast, et Agamemnon mesme,
Les larmes sur les yeux, le commanda luy-mesme:
Elle fendit sa robe avec sa blanche main,
Et jusques au nombril se decouvrit le sein:
Sa poitrine fut veuë avec ses mammelettes,
S'enflant egalement comme rondes pommettes:
Puis les genoux en terre, à Pyrrhe dist ainsi,
Si tu veux traverser ceste poitrine ici,[2]
O Pyrrhe, ou si plustost ce gosier tu demandes,
L'un et l'autre sont prests, fay de moy tes offrandes.
A ces mots il s'approche, et son glaive poignant*
Dans le sang de la vierge à[3] regret va baignant,
Il sort comme un estang qui coule[4] par la bonde*:
Et elle, que laissoit son ame vagabonde*,
Tombant dessur*[5] la face, encore eut pensement*,
La mort dedans le cœur, de cheoir* honnestement*,
Et de ne découvrir à la tourbe* nombreuse
De son corps estendu chose qui fust honteuse.
Tout le monde gemist, personne ne s'est veu[6]
Qui se garder de plaindre et larmoyer* ait peu:
Chacun retourne triste, abominant* l'oracle

1 *A* Qu'ils luy serrent les mains.
2 *AB Ce vers ne commence pas en retrait (pas de nouvel alinéa).*
3 *ABC* en
4 *ABC* un torrent qui jaillist
5 *ABC* contre
6 *A Ce vers ne commence pas en retrait (pas de nouvel alinéa).*

Du prophete Calchas, et son sanglant spectacle.
Le sang ne ruissela[1] quand du corps il sortit,
Car le cruel* tombeau tout soudain l'engloutit.

HECUBE

Allez, Danois, ouvrez les campagnes liquides,
Retournez seurement* aux citez Argolides,
Mettez la voile au vent, abandonnez le port,
Ma fille est immolee, Astyanax est mort:
La guerre est achevee, où est-ce, helas où est-ce
Que je dois employer ce reste de vieillesse?[2]
Qui doy-je lamenter*? sera-ce mon espoux, [f°195 r°]
Ma fille, mon païs, Astyanax, ou vous,
Ou moy, ou tous ensemble? ô Parque, je t'appelle
Qui aux vierges est[3] tant et aux enfans cruelle,
Vien à moy massacreuse*[4]: et* pourquoy me crains-tu?
Que n'as-tu ja mon corps dans la tombe abatu?
Tu me redoutes seule, et seule entre les armes,
Les meurtres, les brandons*, les horreurs* des gendarmes*,
Les cheutes de maisons tu me vas espargnant,
Et foulant tant de corps le mien tu vas craignant.
Or* vous Grecs frauduleux*, qui d'armes deloyales,
Avez renversé Troye aux ondes Stygiales:
Qu'apres dix froids hyvers n'avez prise sinon
Par un feint partement* et par un faux* Sinon:
Qui par vos cruautez avez pollu* la terre,
L'onde humide et le ciel, d'où Jupiter desserre
Ses foudres rougissans sur les deloyautez
Des traistres, comme vous, confits* en cruautez:
Puisse pour nous venger de vos lasches parjures,
Neptun vous travailler* d'horribles* avantures*
Par ses ondes voguant: que les uns d'entre vous,

---

1 *ABC* Or le sang ne coula

2 *ABC vers 2167-2168:*

La guerre est achevee, où mes pleurs tourneray-je?
Où ce qui m'est restant de vieillesse employray-je?

3 *ABC* es

4 *A* massacroüere *BC* massacroire

Battus des flots de l'onde et du venteux courrous
Des Aquilons troublez, trebuchent* pesle-mesle,
Environnez d'esclairs, de foudres et de gresle:
Qu'ils puissent avec crainte et tourment* abysmer*
Devorez des troupeaux de la monstreuse* mer:
Que les rocs Capharez aux pointes fluctueuses*,
Que Scylle et que Charybde, et les Syrtes sableuses
Retiennent vos vaisseaux, que les flots poissonneux
Vous poussent sur les bords des Cyclops caverneux.
Que la femme l'espoux, le fils la mere tue,[1]
Que l'un se plonge au cœur une lame pointue, [f°195 v°]
Et l'autre par les eaux vagabonde exilé
Cherchant nouveau sejour sous un ciel reculé:
Qu'il vienne quelque Roy, qui les peuples d'Asie
Face marcher un jour dans la Grece saisie,
Fourmillant[2] plus espais pour revanger* nos torts*,
Que ne sont les espics aux Gargariques bords,
Les fueilles aux forests, l'arene* qui poudroye
Sur le bord Libyen où le Soleil blondoye.
Que vos Citez de feux il destruise et de sang,
Et nos calamitez sentiez à[3] vostre rang:
Bref, que si tost qu'aurez esloigné* ceste rade
Vous souffriez comme nous des[4] maux une Iliade.

CHŒUR

Hecube, retenez quelques funebres pleurs
Pour vostre fils meurtri*, comble de vos malheurs.

HECUBE

O Phlegethon, Erebe, Acheron tristes fleuves,
O larvales* maisons de toute joye veufves!
O monstres des Enfers! ô Megere, Alecton,
Dires, Rages, Horreurs, ministres* de Pluton,
A ceste heure à ceste heure ouvrez vostre caverne

---

1 ***A*** *Ce vers ne commence pas en retrait (pas de nouvel alinéa).*

2 ***AB*** Fourmillans

3 ***A*** en

4 ***ABC*** de

Et m'engouffrez vivante au plus creux de l'Averne.
O Soleil qui reluis par ce vuide* escarté*[1]
Retire de mes yeux ta riante clarté,
Ta clarté vagabonde*, et d'une espaisse nuë
Vien aveugler de moy et d'un chacun la veuë:
Peux-tu voir, peux-tu luire, et peux-tu visiter
Ce monde si rebelle aux loix de Jupiter?
Ce mechant, ce cruel, ce deloyal barbare,
Ce traistre Thracien, pour une faim avare*
De l'or injurieux* a violé le droit
De l'hostelage* saint, que reverer on doit:
Il a meurtri* mon fils qu'il avoit en sa garde, [f°196 r°]
Pour ravir ses thresors, tant sa main est pillarde.
Helas! mais dites-moy, où l'avez-vous trouvé?

CHŒUR

Au port sur le gravois*, de vagues abreuvé.

HECUBE

O destin miserable! un seul moment ne passe
Qui sur mon pauvre chef* mal dessur* mal n'entasse!
Qui ne donne à mon ame un nouvel argument*
De larmes, de soupirs, et de gemissement!
Hé mon fils! hé mon fils! qui t'a faict cet outrage*?
Qui t'a faict aborder à ce dolent* rivage?
Quel Démon* t'a conduit des Thraces animeux*,
Sous mes yeux maternels par les flots escumeux?

CHŒUR

Quand le funeste bruit parvint à nous captives,
Que Polyxene avoit teint nos Troyennes rives
Du pourpre de son sang, et que son corps gisoit
Au pié du fier* sepulchre où Achil reposoit:
Nous dechirant la face et plombant* la poitrine
Forcenant* du malheur qui contre nous s'obstine,
Et vomissant tel cry pour si triste mechef*

---

1 *A Ce vers ne commence pas en retrait (pas de nouvel alinéa).*

Que si devant nos yeux Troye ardoit* derechef*,
Allasmes d'une bande*, ainsi que furieuses*,
Sans craindre des Gregeois les armes colereuses,
A travers leurs squadrons* jusqu'au sepulchre creux
Où Polyxene estoit, victime de ce preux*.
Là toutes execrant* la soif insatiable[1]
Qu'il a de nostre sang en sa tombe execrable*,
Enlevons la pucelle*, et la portons hûlant*
Sur la gréve du port où le flot va roulant.
Nous la devestons nuë, et de l'onde marine
Luy nettoyons sa playe et sa face yvoirine:
Mais comme la pauvrette en grand soing nous lavons,
Sous les plis d'un rocher pres nous appercevons [f°196 v°]
Le corps de cet enfant qui sur la rive ondoye,
Et soudain soupçonnant qu'il fust de nostre Troye
Nous approchons de luy, luy remarquons* les traits:
Et l'ayant[2] recogneu redoublons nos regrets*,
Pleurant sur Polydore et detestant* les astres,
Qui respandent sur nous tant de piteux* desastres*.
Nous l'avons apporté pour vos pleurs recevoir,
Et avecque sa sœur mesme sepulchre avoir.

HECUBE

Hé hé, mon Polydore, en qui j'avois dolente*
Mis mon dernier espoir et ma derniere attente,
Las* que je suis deceuë*! hé mechant execré*
Comme tu l'as de coups durement massacré!
Comme à le dehacher* tu as soulé ta rage,
Aux meutres[3] acharné* plus qu'un Tygre sauvage,
Nourriçon* d'Hyrcanie, infame*, sans pitié,
De tes hostes bourreau, sous ombre d'amitié.
Hà ne fera le ciel qu'un si grand malefice*[4]
Sente de Jupiter l'equitable justice,
L'hostelier* Jupiter qu'offendre* il a osé,

1 *A Ce vers ne commence pas en retrait (pas de nouvel alinéa).*

2 *C* l'ayans

3 *ABC* meurtres

4 *A Ce vers ne commence pas en retrait (pas de nouvel alinéa).*

Tant le desir de l'or a son cœur embrasé?
Que son bruyant courroux tombe dessur* sa teste,
Que l'eclat de son foudre aujourd'huy le tempeste*,
Ou que sous ma puissance à souhait le tenant
Je m'aille sur sa vie outrageuse* acharnant*,
Je luy sacque* du corps les entrailles puantes,
Je luy tire les yeux de mes mains violentes,
J'égorge ses enfans et de leur mourant cœur
Je luy batte la face appaisant ma rancœur*.

CHŒUR

Le Tyran est ici: car sçachant la nouvelle
De nostre sac Troyen, est venu l'infidelle
Aux obseques de Troye, à fin de butiner* [f°197 r°]
Et d'offrir son secours pour nous exterminer.
Nous pourrons feintement l'attirer en nos tentes
Sous espoir de proffit: nous vous serons[1] aidantes.

HECUBE

Allons filles, entrons, les grands Dieux irritez
Se vangeront par nous de ses impietez.

CHŒUR

» L'alme* foy* n'habite pas
» Ici bas:
» La fraude* victorieuse,
» L'ayant bannie, à son tour
» Fait sejour
» Sur la terre vicieuse.

» Elle est remontee aux cieux
» Radieux*,
» Avecques la belle Astree,
» Ce faux* siecle* detestant*,
» Qui l'a tant
»Inhumainement outree*.

---

1 *D* seront *(lapsus)*.

» Jamais la desloyauté
» N'a esté
» Si grande en nous, qu'elle est ore*:
» Nous sommes plus desloyaux
» Que les eaux
» Qui lechent la rive More.

» Les Ours courans vagabonds*
» Par les monts,
» Et par les forests obscures,
» Ont plus de ferme* amitié
» La moitié
» Que n'ont les hommes parjures. [f°197 v°]

» Le pere va son enfant
» Estoufant,
» L'enfant estoufe le pere:
» L'espouse esteint* à tous coups
» Son espoux,
» Et luy son espouse chere.

» Le frere asseuré* n'est pas
» Du trespas*
» En l'amitié fraternelle:
» L'hoste va l'hoste souvent
» Decevant*
» En sa maison infidelle.

» La foy* se reclame* en vain
» Où le gain
» Pousse nos ames tortues*.
» Le peuple les Princes suit,
» Mais refuit*
» Leurs couronnes abatues.

Quiconque Prince tu sois,
Dont les loix

A mille peuples commandent,
Entouré de toutes pars
De soudars*
Qui valeureux te defendent:

Qui vois chacun se mouvoir
Pour te voir,
D'une joyeuse allaigresse,
Et de grand'aise ravi
A l'envi
Te faire importune presse*:

Pense qu'en tant de sujets [f°198 r°]
Arrengez*
Par troupes* dedans la rue,
Et de ceux qui font sejour
En ta cour,
Nul de bon cœur te saluë.

Ou bien s'ils ne sont moqueurs
En leurs cœurs,
Et ne fardent* leur visage,
Croy, qu'à la premiere peur
Du malheur
Ils changeront de courage*.

La foy* n'arreste* jamais[1]
» Aux Palais,
» Que la Fortune abandonne:
» Chacun retire sa foy*
» De ce Roy,
» Que le malheur environne.

Quand Troye estoit en grandeur
Pleine d'heur*,
Les Rois luy faisoyent hommage,

---

[1] Dans ***C*** et ***D***, ce vers n'est pas guillemetté, bien que la strophe entière ait valeur sentencieuse: nous maintenons cette anomalie.

Qui de ses murs desolez*
Reculez*
Luy font maintenant outrage*.

Ce Polymestor mechant,
Arrachant
De son cœur l'amitié sainte,
A sa deloyale main,
L'inhumain,
Au sang de son hoste teinte.

ACTE V. [f°198 v°]

POLYMESTOR. HECUBE. LE CHŒUR. AGAMEMNON.

POLYMESTOR

O Priam que j'aimois plus que tous Rois du monde,
Las* que j'ay deploré ta misere profonde,
Que j'en porte* de dueil*! et que j'en porte* aussi
De vous voir, pauvre Hecube,[1] en cet esclandre* ici:
Vostre orgueilleuse ville en ses murs[2] embrasee,
Et les piez contremont* des fondemens rasee:
Vos enfans et vos biens saccagez aujourd'huy,
Et vostre propre vie en puissance d'autruy.
» Las*! rien n'est asseuré*: toutes choses humaines
» Sujettes à perir, sont tousjours incertaines:
» Et nul ne se peut voir tant de felicitez
» Qu'il ne puisse tomber en plus d'adversitez.
» Mais que sert ce propos? nos destresses passees
» Et nos pertes ne sont par larmes effacees,
» Nos plaintes n'y font rien: les royaumes perdus
» Ne sont pour lamenter* par Jupiter rendus.

HECUBE

J'ay honte de vous voir en ces malheurs reduite,
Que la Fortune heureuse avoit tousjours conduite:
J'en ay honte, et mes yeux je n'ose hazarder*
De les lever sur vous craignant vous regarder:[3]
Ce n'est, Polymestor, de volonté mauvaise.

POLYMESTOR

Ne vous contraignez-point, faites-en à vostre aise,
J'excuse vostre ennuy*. Mais pour quelle raison

---

1 *A* de vous revoir, Hecube,

2 *A* en ce poinct

3 *A* de les lever sur vous, et de vous regarder

M'avez-vous envoyé chercher[1] en ma maison?

HECUBE

C'est pour un cas* secret, qu'en secret je desire
Avecques vos enfans en ces tentes vous dire. [f°199 r°]
Faites donc loin d'ici vos gardes retirer.

POLYMESTOR

Je me puis bien ici sans gardes asseurer*,
Retirez-vous, soldats.

HECUBE

Dites moy, je vous prie,
Mon enfant Polydore est-il encore en vie?
Est-il en seureté?

POLYMESTOR

De cela n'ayez soin*.

HECUBE

O le parfait ami, qui ne faut* au besoin*!
A-til de moy, sa mere,[2] encore souvenance*?

POLYMESTOR

Il vous fust venu voir n'eust esté ma defence.

HECUBE

N'avez-vous pas gardé ce qu'il vous porta d'or?

POLYMESTOR

Je le garde en ma chambre, et tout y est encor.

HECUBE

Faites-le, je vous pry: le pauvre jeune Prince
N'a besoin qu'en son bien aucun mette la pince.

---

1 *A* cercher

2 *A* N'a-til point de sa mere

POLYMESTOR
Mieux encor que le mien je le garde et defens.

HECUBE
Sçavez-vous que je veux à vous et vos enfans?

POLYMESTOR
Quelles choses sçait-on sans les avoir ouyes*?

HECUBE
Nos richesses je laisse en la terre enfouyes.

POLYMESTOR
C'est volontiers à fin de les pouvoir sauver.

HECUBE
Voire* pour mon enfant, s'il les peut conserver.

POLYMESTOR
Quel besoin que mes fils en ayent cognoissance?

HECUBE
Pour apres vostre mort en avoir souvenance*.

POLYMESTOR
C'est prudemment* parlé.

HECUBE
Sçavez-vous bien helas!
Où n'agueres estoit le temple de Pallas?
Là le thresor repose.

POLYMESTOR
Il faut l'endroit cognoistre.

HECUBE
Vous verrez au dessus un noir marbre apparoistre.

POLYMESTOR
Voulez-vous autre cas*?

HECUBE
Vous garderez aussi
L'or qu'avec moy je porte.

POLYMESTOR
Où l'avez-vous?

HECUBE
Ici.

POLYMESTOR
Dessous vos vestemens?

HECUBE
Non, mais dedans nos tentes.

POLYMESTOR
Qui maintenant y est?

HECUBE
Des femmes gemissantes.
Entrez, tout y est seur, depeschez, car les Grecs
Desirent faire voile, et seront bien tost prests. [f°199 v°]

CHŒUR
Va bourreau, va barbare affamé de richesses,
Va querir* le loyer de tes fraudes* traistresses,
Tu seras tu seras maintenant chastié
D'avoir cet innocent égorgé sans pitié,
Qui estoit en ta garde, et n'avoit esperance
Qu'en toy, lâche meurtrier, qu'en ta seule fiance*.
Mais ainsi qu'un qui chet* en quelque gouffre noir,
Où plusieurs il avoit auparavant faict cheoir*:
Au gouffre tu cherras* de fraude* et de malice*,

Où Polydore est cheut* par ta caute*[1] avarice*.
» Car jamais en ce monde un faict* pernicieux
» D'un mechant ne demeure impuni par les dieux:
» Et s'ils se monstrent lents à venger son offense,
» Comme ils font quelquefois, ce n'est par connivence.
» Car tost ou tard son chef* sent leur bras punisseur:
» Ou s'il ne le sent point, sera son successeur.
Contraire à ton dessain, tu vas prendre une voye,
Où tu verras[2] la mort, au lieu de l'or de Troye:
Car volontiers Pluton des richesses le Roy,
Pour t'assouvir de biens te conduira chez soy:
Là toy et tes enfans Acherontides ames,
Gemirez d'estre occis* par des armes de femmes.
Iò je les entens.

POLYMESTOR

Au secours, ô bons Dieux!
Aux armes, je suis mort, on me créve les yeux.

CHŒUR

C'est le cry du meurtrier, Hecube s'évertue*.

POLYMESTOR

Au secours venez tost*, mes deux enfans on tue.

CHŒUR

La vengeance est entiere. Or* je le voy qui sort.

POLYMESTOR

O l'execrable* sexe! elles ont mis à mort
Mes enfans innocens, les cruelles furies,
Les pestes*, Alectons, brulantes de tûries.
Jupiter foudroyeur, qui dardes* de ta main [f°200 r°]
Sur Rhodope le mont tant de foudres en vain,
Ne les puniras-tu? pourquoy maintenant[3] cesse

---

1 *A* salle *BC* lâche
2 *A* Où trouveras
3 *ABC* si long temps

Oysive et sans effet ton ire* vengeresse?
Et toy Mars fremissant, qui sur Heme negeux
Attises[1] aux combats les Thraces courageux,
Ne me veux-tu venger, qui suis né de ta race*?
Qui dessous toy commande à ta guerriere Thrace?
J'ay perdu du Soleil la joyeuse clairté*,
Le rayon lumineux de Phebus m'est osté.
Le sang court de mes yeux au lieu des pleurs premieres,
Et la nuit eternelle est jointe à mes paupieres:
Mes pas vont incertains, et de peur de broncher*
J'avance l'un des pieds devant que démarcher*:
Des jours de mes enfans la trame est accourcie*,
Ils errent* maintenant sous la terre obscurcie,
Les pauvrets, et leur pere à leur mort survivant,
Ne les sçauroit venger du moindre homme vivant.

CHŒUR

O pauvre infortuné, que tu souffres d'angoisses*!

HECUBE

Ce sont là de nos faicts*, ce sont de nos proüesses,
Ce sont marques de nous et de nostre vertu*:
Nous avons de tels jeux Polydore esbatu*.

CHŒUR

Quelque Dieu courroucé de tes horribles* crimes
T'a fait precipiter en douloureux abysmes*.
» Si tu as fait du mal à quelqu'un, tu ne dois
» Te plaindre si de luy d'autre mal tu reçois.

POLYMESTOR

Où iray-je, ô vrais Dieux! helas je ne voy goute!
Où tournera mon œil qui de sang noir degoute?
J'allonge pieds et mains pour le chemin sonder,
Mais encor je ne m'ose au chemin hasarder*.
O beau Phebus, guary* ma paupiere aveuglee!

---

1 *A* Excites

Où iray-je qu'à toy? à l'ardeur* dereiglee [f°200 v°]
Du flambant Sirien? Iray-je où Orion
Bluette* de ses yeux un chaleureux rayon?
Ou sur l'onde de Styx, de clairté* despourveüe,
Où les Ombres des morts n'ont que faire de veüe?

AGAMEMNON

Je viens à la clameur et au bruit turbulent
De ce peuple de serfs* jusqu'à la mer volant,
Que la jasarde* Echon, hostesse vigilante
D'un caverneux rocher, en nos vaisseaux rechante*:
Que si les murs Troyens, par l'effort* de nos bras,
N'estoyent piés contre-mont* bouleversez à[1] bas,
Ce tumulte* estranger eust en toute l'armee
Une peur effroyable en allarme* allumee.

POLYMESTOR

O grand Agamemnon, je vous suppli voyez
En quel malheur je suis, et mes plaintes oyez*!

AGAMEMNON

Pauvre Polymestor, qui t'a fait cet outrage*?
Qui t'a crevé les yeux, ensaigné* le visage?
Qui ces petits enfans a massacré de coups?
Quiconque en soit l'autheur avoit bien du courroux,
Avoit bien du rancœur* en son ame inhumaine,
Et à ta race et toy portoit horrible* haine.

POLYMESTOR

Hecube ceste vieille, et le troupeau captif
Des filles d'Ilion, m'ont fait ainsi chetif*.

AGAMEMNON

Quoy, Hecube, est-il vray? avez-vous eu l'audace
De l'offendre*, et tuer son innocente race*?

---

1 ***ABC*** en

POLYMESTOR

Elle est donques ici la bourrelle*? pour Dieu
Enseignez*-moy l'endroit, enseignez*-moy le lieu,
Qu'empoigner je la puisse, et que vengeant l'injure*
De mes fils et de moy, son corps je defigure,
Je la demembre vive, et face trespasser*
Entre mes bras vengeurs devant* que la laisser.

AGAMEMNON [f°201 r°]

Laissez-la, ne bougez.

POLYMESTOR

Permettez que je mange
Son cœur, et qu'à souhait sur elle je me venge:
Que d'ongles et de dents je dechire son sein,
Et ses boyaux infets* j'arrache de ma main.

AGAMEMNON

Commandez vous un peu, et de vostre courage*
Ostez, Polymestor, ceste brutale rage
Qui vous transporte ainsi: puis sans vous esmouvoir
Faites moy doucement vostre encombre* sçavoir.

POLYMESTOR

Un fils avoit Priam, qu'on nommoit Polydore,
Le plus jeune de tous, qui ne vestoit* encore
Le harnois esclatant, et entre les soudars*
N'alloit eschauffé d'ire* aux orages de Mars:
Son pere prevoyant la pendente ruine
De son sceptre ancien, sous la force voisine
Des Gregeois obstinez, qui venoyent tous les jours
Lancer leurs feux poissez* jusqu'aux sommets des tours,
Me l'envoya, peureux, en ma cour Thracienne,
Pour le garder, sauvé de la main Argienne.
Or je l'ay fait occire* aussi tost que j'ay sceu
Que Priam gisoit mort, que Troye estoit en feu.
Et n'ay-je pas bien faict d'esteindre dans mes terres,
Pour nostre commun bien, la semence des guerres?

J'ay prudent* redouté que cet enfant un jour
Repeuplast de bannis le Troïque sejour*.
Et resserrant les os des antiques Pergames*,
Les vengeast, rebastis, des Pelasgides flames,
Ranimast de rechef*[1] les hommes et les dieux
Pour poudroyer* l'orgueil de ses[2] murs odieux:
Et que la flotte Grecque, à nos ports abordee,
Exerçast de rechef* sa rage desbordee*,
Ravageant mes sujets, les pillant, rançonnant,
Comme ils sont ravagez et pillez maintenant: [f°201 v°]
Ainsi qu'on voit souvent qu'une flamme voisine
Sur les prochains logis de toicts en toicts chemine.
Hecube ce pendant* ayant sceu le trespas*
De son fils, m'a deceu* de blandissans* appas,
M'a vers elle attiré d'une faulse esperance
De me faire emporter d'Ilion la chevance*:
Elle m'a conduit seul et mes enfans foiblez,
Pour nous devoir monstrer ses thresors assemblez.
Nous entrons en sa tente, où de voix deceptives*
Nous viennent recevoir les Troades captives,
Abordent par troupeaux, me vont environnant,
De doucereux propos, feintes, m'entretenant.
Aucunes* mignardant* de pareilles feintises*
Mes enfans caressez de mille mignotises*,
Les chargent à leur col*, les tirent à l'escart,
Ce pendant* que je suis abusé de leur fard*.
Je ne fus guere ainsi que leur cry pitoyable*
Aux oreilles ne vint du pere miserable:
Je me cuide* lever de ma chaire*, mais las*!
Je me sens aussi tost retenu par les bras,
Je ne puis m'arracher, quoy que je m'évertue*,
Et que mon corps roidi deçà delà je rue*,
Me pensant depestrer des liens de leurs mains,
Mais sans rien avancer tous mes efforts* sont vains.
Aucunes* me tirant par ma longue criniere*,
En me voulant lever, m'abaissent en arriere,

1 *A* Et r'animast encor
2 *A* ces

M'estendent renversé la face contre-mont*,
Et lors à leur plaisir mille outrages* me font:
Arment leurs fieres* mains d'aiguilles bien poignantes*,
Et percent de mes yeux les prunelles brillantes,
De coups multipliez à l'envi m'outrageant*, [f°202 r°]
Et de sang et de nuit mes paupieres chargeant.
Apres que de leur cœur la forcenante* envie[1]
De bourreler* mes yeux s'est du tout assouvie,
Elles m'ont relaissé* (tout d'un coup s'enfuyant)
Seul dans leur pavillon* mes playes essuyant,
Où avecques les mains je tasche à me conduire,
Privé du blond Soleil qui me souloit* reluire.
Encor n'ay-je tel dueil* de mes yeux obscurcis,
Que je sens de douleur de mes enfans occis*,
Dont les corps massacrez, pour aigrir* mes destresses,
M'ont esté presentez par ces fieres* tigresses,
Mes pauvres enfançons qu'à la mort j'ay conduit,
Comme mes yeux, pour fondre en eternelle nuit.
Agamemnon, voila le discours de mes peines,
Que des Grecs m'ont ourdy* les rancœurs* et les haines,
Revengez* mon injure*, ains* la vostre: pourquoy
Si ne faites justice estes-vous esleu Roy?

AGAMEMNON

Vous tuastes son fils pour avoir sa richesse,
Et ore* de sa mort elle est la vengeresse.
Vous avez le premier une injure* commis,
Que rester sans guerdon* les grands dieux n'ont permis.
Il ne vous en faut plaindre, ains* avec patience*
La peine supporter de vostre propre offense*.

POLYMESTOR

O Dieux secourez-moy! mes outrages* vengez,
Et au comble de maux ces Troades plongez!
Que ceste cruauté ne leur soit impunie,
Qui voyez que d'ici la justice est bannie!

---

1 *A Ce vers ne commence pas en retrait (pas de nouvel alinéa).*

HECUBE

Jupiter qui veit oncq* tant de maux espandus*,
Et tant d'esclandres* durs sur un chef* descendus?
Las* je n'ay plus d'enfans! la mort engloutit ore*
Le dernier de mes vœux*, le petit Polydore, [f°202 v°]
Qui bien loin du brasier et des glaives Gregeois
Avoit esté transmis*, pour regner quelquefois*
Aidé de nos thresors instrumens necessaires,
Necessaires souvent, mais à luy mortuaires*.
» O que la faim de l'or les cœurs mortels espoind*!
» Qu'est-il de tant sacré qu'il ne viole point?
» L'hoste égorge son hoste, et n'est amour si sainte
» Qui tous les jours ne soit par ce desir esteinte.
Voy comme ce tyran, ce faux* Polymestor
T'a, Polydore, occis* pour brigander* ton or,
Apres qu'il sceut la fin de Priam et de Troye,
Et que ce qui restoit, des Grecs estoit la proye.
» Ainsi qu'on voit souvent, que les Dieux ennemis
» Tollissant* le bon-heur, tollissent* les amis:
» Et que l'alme* amitié, tant soit elle envieillie*,
» Avecques les honneurs et les biens est faillie*.
Je fus de Rois extraite, et conjointe à un Roy,[1]
Beaucoup de braves* Rois sont engendrez de moy,
Magnanimes* enfans, à qui ne s'egalerent
Aucuns des Phrygiens, et moins les surpasserent[2]
En vertus* et proüesse: et le Ciel n'a produit
Femme qui tant que moy fust heureuse en beau fruit:
Mais las! devant* leurs jours, en la fleur de leur âge[3]
Ils ont vomi la vie en Martial orage.
Mars les a devorez, et sur leurs tombeaux creux
A chacun j'ay coupé mes blanchissans cheveux,
Egalement feconde en tristes funerailles,
Et en fils valeureux portez en mes entrailles.
Mes filles que j'avois, en qui la chasteté
Egale conspiroit avecques la beauté,

---

1 ***AB*** *Ce vers ne commence pas en retrait (pas de nouvel alinéa).*

2 ***AC*** Mais tous les surpasserent ***B*** mais tout les surpasserent

3 ***ABC*** Mais, las! devant leurs jours, mais las! devant leur âge

Que j'avois, hé malheur! si tendrement nourries*, [f°203 r°]
Que je mignardois* tant, que j'avois si cheries,
Et que je reservois à mariages saints*,
Pour les donner aux Rois de nos terres prochains*,
Ont esté le butin de soudars* sanguinaires,
Encores degoutans[1] des meurtres de leurs freres.
Et vous, Dieux, le sçavez[2] et vous n'en faites cas!
    Et vous, Dieux, le voyez et ne nous vengez pas![3]
Ce seul Roy, le loyer de ses cruautez porte*,
Ce qui fait toutefois que je me reconforte[4]
Et m'allaite d'espoir, que quelques-uns encor
Pourront estre punis comme Polymestor.

FIN.

---

1 *BC* degoutant

2 *ABC* voyez

3 *A* et ne les broyez pas!

4 *ABC vers 2663-2664:*
Ce seul Polymestor de ses cruautez porte
Le merité loyer: ce qui me reconforte

NOTES

Les références complètes des études, des articles, des éditions et des traductions figurent dans la bibliographie placée à la fin du volume.

DÉDICACE ET PIÈCES LIMINAIRES

DEDICACE

L'archevêque de Bourges est Renaud de Beaune (1527-1606). C'était un humaniste érudit et un juriste, orateur de grande renommée. Il fut d'abord magistrat (conseiller au Parlement de Paris en 1555, conseiller d'Etat en 1573), puis il entra dans les ordres (1563), fut nommé évêque de Mende en 1568, archevêque de Bourges en 1581. Il présida l'assemblée du clergé à Paris en 1582 et tint à Bourges en 1584 un concile provincial. Prédicateur apprécié, il prononça plusieurs oraisons funèbres de hauts personnages. Son rôle politique et diplomatique ne fut pas négligeable: il présida en 1588 les Etats généraux réunis à Blois; après l'assassinat d'Henri III, il se rallia à Henri de Navarre, devenu Henri IV, dont il prépara la conversion et dont il reçut l'abjuration en 1592. Le roi lui avait confié la charge de grand aumônier l'année précédente. Il agit beaucoup en faveur du ralliement du haut clergé au nouveau monarque. Il obtiendra le siège épiscopal de Sens en 1594. Garnier a ici abrégé l'éloge qu'il faisait du prélat dans la première dédicace, celle de l'édition princeps de 1579, alors que Renaud de Beaune était encore seulement évêque de Mende. C'était, on le voit, un homme de conciliation et de paix, qui devait cruellement souffrir des divisions meurtrières de ses compatriotes. Il était ennemi des Guise et de l'Espagne et adversaire de la guerre civile. On comprend pourquoi Garnier fait ici allusion au désagrément que l'on peut ressentir à la lecture d'une tragédie mettant en scène les malheurs des peuples et des princes et pourquoi il fait en même temps acte d'espérance en l'avenir: le destinataire de cette dédicace devait avoir à cœur de réconcilier les Français dès que l'occasion s'en présenterait. Garnier le connaissait assez intimement pour lui donner à lire l'ébauche de sa tragédie (peut-être dès 1574 ou 1575, si l'on suit sur ce point M.-M. Mouflard, *op. cit.*, tome II, p. 104). Le goût du prélat pour la poésie homérique, dont témoigne de Thou, peut expliquer aussi la raison de la dédicace de Garnier.

SONNET DE PATRY BRUNEAU

Les trois premières éditions contiennent le sonnet indiqué dans l'apparat critique. L'auteur, Patry Bruneau, n'est connu que par ce seul poème. Voici ce que dit de lui M.-M. Mouflard:

> *Patry Bruneau* envoie pour la *Troade* (1579) un liminaire qui sera supprimé en 1585. Ce personnage mal connu était né vers 1553, ce qui le rend nettement plus jeune que Garnier; son prénom de Patry (forme locale de Patrice) est rare, mais non insolite; selon l'abbé Ledru, en 1603, Patry Bruneau fut chargé d'enquêter sur les troubles des années précédentes...(*Robert Garnier*, tome I, p. 309)

SONNET DE PIERRE DE RONSARD

Garnier était disciple de Ronsard; il s'était lié avec les poètes de la Pléiade lorsque, jeune avocat de vingt-et-un ans, il s'était établi à Paris. En 1573 et 1574, Ronsard avait déjà adressé à Garnier des sonnets élogieux à propos d'*Hippolyte* et de *Cornélie*. Garnier, de son côté, composera, après la mort de Ronsard, une *Elégie sur le trespas de feu Monsieur de Ronsard*. *La Franciade* a contribué à orienter Garnier vers les sources grecques et à privilégier l'action; l'influence du troisième livre de cette épopée se fait sentir dans la nouvelle technique adoptée par le dramaturge (voir M.-M. Mouflard, *Robert Garnier*, tome II, pp. 40-41, et J. Bailbé, «Ronsard et Robert Garnier» in *Ronsard et la Grèce*, p. 265) –La couronne de *lierre* du vers 3 est celle qui récompense les poètes tragiques, tandis que les poètes lyriques reçoivent le laurier comme prix. –Le bouc dont il est ici question est évidemment celui que les Grecs sacrifiaient à Dionysos lors des concours dramatiques (Le mot grec τραγῳδία pourrait signifier, à l'origine, «chant en l'honneur du bouc»). En 1553, les amis d'Etienne Jodelle, parmi lesquels figurait Ronsard, avaient organisé à Arcueil une procession en l'honneur de l'auteur de la *Cléopâtre captive*, en promenant un bouc dans le bourg; ils ne l'égorgèrent cependant pas et se contentèrent de l'offrir à Jodelle. Ronsard fit le récit de cet événement dans les *Dithyrambes* de son *Livret de folastries*, paru en 1553. –Aux vers 5 et 6, Ronsard fait allusion aux *Grenouilles* d 'Aristophane où l'on voit Dionysos (=Bacchus) descendre aux Enfers pour choisir entre les deux poètes tragiques défunts Eschyle et Euripide celui qui a le mieux mérité de l'art dramatique: il donne la victoire à Eschyle, qu'il ramène sur terre. –En faisant de Garnier le rival d'Eschyle (vers 7 et 8), Ronsard fait preuve d'une juste appréciation du style de la pièce: imagé, vigoureux, grandiose, à la frontière de l'épopée et de la tragédie.

POEME LATIN DE PETRUS AMYUS

Pierre Amy, sieur du Pont, fut avec Garnier, de 1569 à 1574, conseiller au présidial du Maine. Il a consacré aux tragédies de son collègue de fréquents éloges en vers latins sous le nom de Petrus Amyus: voir notamment les pièces liminaires d'*Hippolyte* (1573), de *Cornélie* (1574), de *Marc-Antoine* (1578) et des *Juives* (1583). Il était, comme Garnier, originaire du Maine. Le poème célèbre l'habileté de Garnier, qui, à l'instar de l'abeille butinant sur diverses fleurs et fabriquant ensuite du miel, sait tirer de la variété de son inspiration une œuvre solidement bâtie et joindre à la douceur attique la gravité de la scène latine (il a imité à la fois Euripide et Sénèque). C'est en puisant à ces deux sources et en combinant les deux styles correspondants qu'il a chanté Astyanax, espoir de la fière Ilion. Ainsi Pierre Amy ne se méprend-il pas sur les intentions patriotiques du dramaturge.

ARGUMENT

Contrairement à ce qu'il fera à la fin de l'argument d'*Antigone*, Garnier ne dit rien ici sur le lieu du drame, mais il l'indiquera à plusieurs reprises dans le texte de la pièce: la plus grande partie de l'action se déroule près du port de Troie (cf. vers 108) et devant les tentes des Troyennes (cf. vers 443, 1321 et 2435). Le tombeau d'Hector est proche, puisqu'au deuxième acte, Andromaque y cache le petit Astyanax. Eugène Rigal relève à ce propos une contradiction entre le deuxième acte et le quatrième acte (vers 1890):

> «Le quatrième acte est complètement en désaccord avec le second. Un messager y raconte aux captives la mort d'Astyanax, qui a été précipité du haut d'une tour de la ville; la foule se pressait autour de ce spectacle funeste; l'armée grecque était groupée à distance sur un coteau; le tout était loin des Troyennes, qui n'en ont pu rien voir; et cependant c'est là qu'était le tombeau d'Hector...Cette fois nous nous heurtons à une impossibilité scénique évidente.» (*De Jodelle à Molière*, p. 85).

La contradiction ne cesse que si l'on admet qu'après la destruction du tombeau d'Hector au deuxième acte, les Grecs ont fait déplacer ses restes pour les ensevelir ailleurs dans une sépulture toute simple. Mais cela suppose des funérailles d'une grande rapidité, et, surtout, que les Achéens renoncent au projet que leur prête Ulysse (vers 929 sq.) de disperser les cendres d'Hector dans la mer.

M.-M. Mouflard livre à propos du décor de la pièce quelques hypothèses intéressantes (*op. cit.*, tome II, p. 274-75):

> Selon les passages, il y a une ou plusieurs tentes, peut-être une grande et d'autres plus petites. Le tombeau d'Hector fait partie du décor de l'acte II...C'est un monument imposant puisque des Grecs s'installent dessus, et bâti en pierres d'une *horrible pesanteur*...Les gestes d'Andromaque semblent suggérer un tombeau monumental. Reste le camp des Grecs, lieu de la scène entre Pyrrhe et Agamemnon; Hécube dit au début qu'elle a été entraînée *en ces fatales naus*, mais selon Ulysse:
>
> *Nos vaisseaux sont tous prests de laisser le rivage.* (749)
>
> Un des éléments du décor de Serlio: l'échappée du fond sur le port, conviendrait parfaitement...Mais la *Troade* s'accommoderait aussi d'un décor inexistant; le camp d'Agamemnon ne fait l'objet d'aucune indication; le départ étant imminent, les bateaux ont été mis à l'eau, les tentes abattues, un simple espace vide devant la tapisserie qui masque les coulisses suffit; le tombeau d'Hector

> peut être un caveau couvert d'une dalle mobile et, comme la plupart des entrées ou des sorties se font par la porte de la tente d'Hécube, celle-ci peut se confondre avec la tapisserie du fond.

La discrétion de Garnier sur le décor permet, on le voit, soit une mise en scène très riche, comme lorsque des représentations avaient lieu pendant les fêtes de la cour, soit une mise en scène très dépouillée, semblable à celles que montaient en temps ordinaire les troupes qui disposaient de peu de moyens matériels.

ACTE I

vers 1-124- Ce long monologue protatique se présente comme une amplification des soixante-deux premiers vers des *Troades* de Sénèque.

vers 1-10- Rien ne marque mieux que cette entrée en matière la valeur didactique de la tragédie. Hécube et Troie servent d'exemple aux humains et les avertissent des vicissitudes de la Fortune. Ce thème antique n'est pas non plus exempt de connotations bibliques (*Tout est vanité, le ciel et la terre passeront...*). Les grandeurs de ce monde, et encore plus quand elles sont recherchées exclusivement pour elles-mêmes, sont condamnées par la tradition chrétienne. Du point de vue dramatique, l'idée souligne le passage du bonheur au malheur, l'écroulement des hautes fortunes: c'est, selon les théoriciens, le sujet tragique par excellence:

> La Tragedie donc est une espece et un genre de Poësie non vulgaire, mais autant elegant, beau et excellent qu'il est possible. Son vray subject ne traicte que de piteuses ruines de grands Seigneurs, que des inconstances de Fortune, que bannissements, guerres, pestes, famines, captivitez, execrables cruautez des Tyrans (...). (Jean de La Taille, *De l'Art de la Tragedie*, éd. E. Forsyth, Paris, Didier, 1968, p. 3-4).

vers 5- *La Fortune feinte*: «la Fortune trompeuse». -*Qui credule se donne*: Sénèque écrivait: *animum rebus credulum laetis dedit*.

vers 9- *vienne voir*: l'hypotypose est ici utilisée dans une perspective théâtrale et spectaculaire. Le texte de Sénèque était plus bref, mais comportait le même mouvement rhétorique (*Quicumque...*) et exprimait la même idée; Garnier élargit la perspective au cosmos (*L'instable changement du monde*):

> Quicumque regno fidit et magna potens
> dominatur aula nec leues metuit deos
> animumque rebus credulum laetis dedit,
> me uideat et te, Troia: non umquam tulit

> documenta fors maiora, quam fragili loco
> starent superbi. (1-6)

> Que quiconque se fie à sa royauté et, maître tout puissant d'une cour grandiose, loin de craindre l'inconstance des dieux, livre à la prospérité une âme crédule, me contemple et te contemple, ô Troie: jamais la fortune n'a montré par de plus éclatants exemples combien sont fragiles les bases sur lesquelles se dressent les superbes.

Ces vers se trouvent amplifiés dans le texte français: *Quiconque au fresle bien des Royaumes se fonde* reprend *Quicumque regno fidit* mais le singulier *regno* est transformé en pluriel; *des royaumes* complète *au fresle bien*, qui ajoute une caractérisation et implique un jugement. Les *leues deos* restent *legers*, mais sont aussi *volages*, *me uideat et te, Troia* devient *Me vienne voir chetive, ô Troye! et vienne voir/En cendres la grandeur que tu soulois avoir:/Nous vienne voir, ô Troye! ô Troye! et qu'il contemple/L'instable changement du monde, à nostre exemple.* Le *uideat* est rendu par trois *voir* et un *contemple*; Garnier ajoute même un verbe de mouvement *vienne* devant le verbe *voir*, qui suppose une participation du spectateur. Tout le passage s'oriente vers les effets pathétiques: en témoignent la reprise incantatoire du nom de *Troye* et l'addition de *chetive*, caractérisation absente du texte latin. Les vers 11-16 reprennent le thème de l'instabilité des destinées humaines: Garnier exploite avec complaisance ce *topos* traité de manière beaucoup plus rapide chez Sénèque.

vers 11- La première édition (1579) portait *Jamais le sort muable aux hommes ne s'est tant*. En remplaçant *hommes* par *mortels*, Garnier crée des allitérations (*m, r, t*) et introduit un terme qui, évoquant une funeste réalité, nous fait pénétrer au cœur même du tragique dès les premiers instants de la représentation.

vers 13-14- *cognoistre* se construit d'abord avec un complément d'objet nominal (vers 13), puis avec une interrogative indirecte (vers 14).- *grand* est encore fréquemment épicène au seizième siècle, c'est-à-dire qu'il présente la même forme au masculin et au féminin (cf. vers 590, 983, 1661, 2022, 2350).– Dans la première édition, le vers 14 était rédigé comme suit: *Et comme autour de nous elles coulent soudaines*. La substitution du groupe de *nos mains* à *autour de nous* correspond sans doute à un geste théâtral impliquant davantage le personnage, à une portée didactique plus concrète aussi, puisque les fortunes s'échappent des mains les plus puissantes. On saisit là les préoccupations dramatiques du poète, qui modifie son texte au gré des impératifs de la tragédie.

vers 17-32- Cf. Sénèque, vers 6-21. Celui-ci parlait de la *pollentis Asiae*, que Garnier rend par *l'ornement de l'Asie; le saint labeur des Dieux* répond au *caelitum egregius labor*; l'énumération des peuples alliés de Troie est inspirée par les vers 8 à 13 de la pièce romaine.

vers 19- *le saint labeur des Dieux*: Apollon et Neptune avaient construit les murs d'Ilion.

vers 23-24- *ores pieds contre-mont/De sa ruine engendre un lamentable mont*: cf. Sénèque, plus laconique: *Pergamum incubuit sibi*: «Pergame a croulé sur elle-même». (vers 14)

vers 25-48- L. Wierenga note avec justesse (La Troade de Robert *Garnier-Cosmologie et imagination poétique*, p. 64) que «les efforts conjugués de ces deux forces fatales [le feu et l'eau], au sens littéral et au sens figuré, constituent le danger le plus néfaste (...). L'alliance du feu et de l'eau n'est pas seulement à l'origine de la guerre de Troie, elle a encore achevé la ruine de la ville».– Rappelons par ailleurs que Ronsard a traité, sept ans avant Garnier, le thème de la ruine de Troie (*Franciade*, I, 63-68):

> Ainsi les Grecs detailloyent et brisoyent
> Le peuple nu: les feux qui reluisoyent
> Sur les maisons à flames enfumées,
> Donnoyent lumiere aux Princes des armées
> Au meurtre au sang: un si cruel effort
> Monstroit par tout l'image de la mort.

vers 25-32 sq.- Ce qui prédomine ici, c'est le sang et le feu, ainsi que les isotopies de la couleur rouge et de la mort.– Au vers 32, Garnier a, dès la deuxième édition, corrigé *se* en *la* (*la couvre*, au lieu de *se couvre*), ce qui déplace la perspective de l'épique (le soleil se couvre) vers le tragique (la ville de Troie est recouverte d'un nuage de flamme). Dans la nouvelle rédaction, le soleil, personnifié, se comporte comme le complice de la ruine de la ville.– Cf. Sénèque, *Troades*, 15-21:

> En alta muri decora congesti iacent
> tectis adustis; regiam flammae ambiunt
> omnisque late fumat Assaraci domus.
> Non prohibet auidas flamma uictoris manus:
> diripitur ardens Troia. Nec caelum patet
> undante fumo: nube ceu densa obsitus
> ater fauilla squalet Iliaca dies.

> Voyez: ces murs hauts et magnifiques gisent confusément amoncelés, les toits ont été incendiés, les flammes environnent le palais et l'on voit une fumée vaste sortir de toute la demeure d'Assaracos. La flamme n'arrête pas les mains avides des vainqueurs: on pille Troie embrasée. Sous la fumée dont les volutes montent le ciel est caché: comme sous un épais nuage le jour se couvre, s'obscurcit, noir de la cendre d'Ilion.

Tout en reprenant les mêmes évocations que son modèle latin, Garnier insiste sur l'orgueil de la citadelle pour mieux souligner le contraste tragique entre la gloire passée de la ville et sa destruction présente.

vers 28- *Dolope brandon*: Ronsard, au vers 41 du premier livre de la *Franciade*, évoque *les Dolopes gendarmes*.

vers 33-48- Ce passage est inspiré des vers 22-27 des *Troades,* mais Garnier grossit les effets spectaculaires et il amplifie la description sénéquienne; la rhétorique y est encore plus emphatique; le drame de Troie se joue à l'échelle cosmique.

vers 38- *tout le monde:* «le monde entier»- Dès l'édition de 1580, Garnier a remplacé *Bourdonnant, jusqu'au ciel*, image relativement banale et même assez maladroite par une métaphore architecturale, technique, et donc plus proche du spectaculaire: *Jusque aux lambris du ciel.*

vers 39-48- L. Wierenga fait remarquer (*op; cit.*, p. 32) que, dans ce passage, «les quatre éléments sont mentionnés pour donner un relief saisissant (au) tableau de destruction».

vers 45-46- Cf. Sénèque: *praedam mille non capiunt rates.*

vers 49-66- Cf. Sénèque, vers 28-43. Garnier, en reprenant le *uidi* du poète latin, le répète trois fois. Il en sera de même dans le passage suivant (vers 75) où le verbe sera redoublé. On constate une nouvelle fois l'importance que l'auteur accorde au spectacle, même si les faits ne sont qu'évoqués: le théâtre se situe dans le théâtre même, et le personnage, en faisant ainsi part de son expérience visuelle, attire sur lui la pitié du spectateur.

vers 49- *J'atteste* (= «je prends les dieux à témoin»): cf. *Troades*, vers 28: *Testor*. Le mot possède une forte connotation religieuse.

vers 54-68- «Le feu est...à l'origine de toute la guerre. (Il) est considéré comme une force destructrice, un feu dévorant.» (L. Wierenga, *op. cit.*, pp. 34-35).

vers 56-57- Au début de chacun de ces deux vers, l'édition princeps (1579) portait: *Tous les maux*, remplacé dans les éditions suivantes par *Nos malheurs*, où l'utilisation de la première personne associe les personnages à l'action et augmente ainsi l'effet pathétique.

vers 61-66- Le paradoxe ici développé se trouvait déjà chez Sénèque (38-40).

vers 64-66- Ce grandiose parallélisme entre le sort d'Hécube et la catastrophe nationale est encore amplifié par le vocabulaire: *grands murs*, *Pergames* au pluriel (=citadelle, fortifications).

vers 70- En 1585, Garnier corrige le texte des éditions précédentes: *Pense à ton propre dueil* devient *Pense à ta propre perte*. Tout en supprimant la répétition de *dueil* (voir le vers suivant) et en créant d'heureux effets sonores, le poète introduit un terme qui infléchit le sens en marquant plus intensément la cruauté du destin.

vers 75-106- Ce long passage développe, en les amplifiant, les thèmes et les descriptions de Sénèque dans les vers 44-56 de ses *Troades*. Garnier ajoute en particulier l'invocation à la Parque et accorde beaucoup plus d'importance au fait que Priam a été privé de funérailles. Il tire de tout cela des effets pathétiques très marqués, soutenus par la rhétorique (interrogations, répétitions, hypotypose, exclamations).- Le meurtre de Priam est également évoqué aux vers 85 sq. du premier livre de la *Franciade* (c'est Jupiter qui parle):

> Ce Roy pleurant son estat miserable
> En cheveux gris en barbe venerable,
> Du cruel Pyrrhe extremement pressé,
> Sur mon autel me tenoit embrassé:

> Quand il receut en sa gorge frappée
> De l'Achillin le tranchant de l'espée,
> Qui d'un grand coup le chef luy decolla (...)

vers 85- *Le bon homme*: «le vieil homme, le vieillard».

vers 94- *rigoureuse*: épithète traditionnelle de la Parque (voir *Les Epithètes de Maurice de La Porte*, 1571).

vers 107-124- Ce passage épouse le mouvement correspondant de la tragédie latine (56-66). Garnier multiplie les interrogations et mentionne le *Ciel sanglant*.

vers 125-256- Ici commence une scène de déploration très plastique et très représentative de la mise en scène spectaculaire. Le passage est une imitation des vers 67-140 de la pièce de Sénèque.

vers 125-212- Ce dialogue entre le chœur et Hécube comporte onze strophes de huit heptasyllabes chacune. Les rimes sont disposées de la manière suivante: ABABCDDC, les rimes A et C étant féminines et les rimes B et D masculines. A quatre vers à rimes croisées succèdent quatre vers à rimes embrassées. La strophe commence et s'achève par un vers à rime féminine, ce qui convient parfaitement à une mélodie chantée par des voix féminines. Au seizième siècle, le *e* final est prononcé, même s'il n'est pas pris en compte du point de vue du mètre.

vers 127-129- *continuelles*: adjectif à valeur adverbiale.– Noter la tmèse *Depuis...Que*: il faut comprendre: «Nous avons continuellement répandu des pleurs depuis que...»

vers 130- Lorsque Pâris se rendit en Laconie, à Amyclée, il navigua sur un bateau construit avec du bois de pin, consacré à Cybèle, la grande déesse de Phrygie.

vers 133-136- M.-M. Mouflard (*R. Garnier,* III, p. 290) signale l'influence d'un passage d'une ode de Ronsard (IV, 25):

> Tousjours l'hiver de nèges blanches
> Des pins n'enfarine les branches...

vers 145- *esclandre:* «malheur». Garnier aime ce mot, archaïque en ce sens à l'époque de la parution de la *Troade*.

vers 157 sq.- Garnier suit Sénèque de très près (83 sq.).- Les vers 157-164 peuvent être aussi considérés comme une amplification théâtrale du *sunt lacrimae rerum* de Virgile (*Enéide*, I, 462).

vers 158-212- Tous ces gestes de déploration, traditionnels dans les funérailles antiques, contribuent à la beauté du spectacle et à l'expression du pathétique. On remarquera la musicalité de la plainte, due, entre autres choses, à la répétition des assonances en [ã], notamment à la rime.

vers 177- *Pleurons nos malheurs Troïques*: cf. *Les Juives*, 472: *Lamentons...nos malheurs Hébraïques.*

vers 180- Dans les deux premières éditions, on lisait *Réveillant*. A partir de la troisième (1582), Garnier met le participe présent au pluriel, ce qui permet de lever toute équivoque sur son agent, qui est le *nous* implicitement contenu dans l'impératif *Pleurons*, et non pas, comme on aurait eu tendance à le croire, *La mort funeste d'Hector*.

vers 213-230- Chacun de ces trois sizains comportent deux tercets constitués à chaque fois de deux heptasyllabes et d'un hexasyllabe. Les rimes se trouvent ainsi disposées: AAB; CCB. Les rimes des heptasyllabes (A et C) sont masculines et celle des hexasyllabes (B) sont féminines.

vers 213-217- La répétition de *pour toy* convient au style incantatoire. Il s'agit d'*évoquer* (au sens étymologique) l'âme du mort. On retrouve le procédé aux vers 235 sq. (répétition de *entens*, de *reçoys*). Sénèque aussi répétait *tibi* en début de vers (116, 118, 119), ainsi que *tu* (124, 125) et *accipe* (131, 132).– Au vers 216, *nous souffrons* est remplacé, dès 1580, par *nous sentons*, probablement jugé plus concret, donc plus émouvant.

vers 224- *ruinee*: diérèse.

vers 231-234- Par ces quatre vers, Hécube interrompt le premier mouvement de la déploration. Cette rupture est accompagnée d'un changement strophique: l'heptasyllabe alterne régulièrement avec l'hexasyllabe (rimes croisées ABAB, la deuxième rime étant féminine: comme le *e* était encore prononcé, on peut considérer qu'il allonge le vers d'une syllabe non accentuée et que sa présence rétablit partiellement l'égalité des mètres).

vers 235-256- Nouveau changement de mètre (heptasyllabes exclusivement). Garnier diversifie le rythme au maximum afin d'éviter toute monotonie. Les rimes, suivies, sont ici toutes masculines (ce qui convient à l'évocation d'un monarque).

vers 240-241: prononcer *veu* [vü] et *feu* [fü].

vers 257-272- Garnier transforme en une tirade de seize vers le dialogue sénéquien entre Hécube et le chœur (141-162).

vers 263- Cf. Sénèque: *felix Priamus!* (155 et 160).

vers 266- Cf. Sénèque, 157 sq.: *nunc Elysii/nemoris tutis errat in umbris/interque pias felix animas/Hectora quaerit.* Le vers 267 est de l'invention de Garnier.

vers 273-312- Garnier s'inspire dans cette scène des *Troyennes* d'Euripide (vers 230 sq.).

vers 275- Garnier note souvent les réactions physiques des personnages, ce qui prouve ses préoccupations dramatiques. Ajoutons que la crainte, ici évoquée de manière très concrète, est l'un des grands ressorts de la tragédie. Euripide faisait dire simplement à Hécube de manière plus abstraite: Τόδε…ὃ φόβος ἦν πάλαι. (vers 239): «voilà ce que je craignais depuis longtemps.»

vers 299-302- Cf. Euripide, *Troyennes*, vers 253-254 et 259. Marie-Madeleine Mouflard (*Robert Garnier, tome III, Les Sources*, p. 93) commente excellemment cet emprunt de la manière qui suit:

> «La partie du dialogue qui concerne Cassandre (E 249-59) est imitée librement; placés en conclusion, les vers 253-54:
>
> ᾿Η τὰν τοῦ Φοίβου παρθένον, ᾇ γέρας ὁ
> χρυσοκόμας ἔδωκ' ἄλεκτρον ζωάν;"(E 253-54)
>
> */La fille d'un grand Roy, ta prestresse divine,*
> *O Phoebus crespelé, servir de concubine! (301-302)*
>
> servent de réplique à la réflexion de Thaltybius:
>
> Οὐ γὰρ μέγ' αὐτῇ βασιλικῶν λέκτρων τυχεῖν; (259)
>
> / *Et quel plus grand honneur*
> *Luy sçauroit advenir que d'estre à tel seigneur? (299-300)*
>
> et donnent ainsi le dernier mot à Hécube. La traduction de Garnier s'éloigne beaucoup de celle de Stiblinus:
>
> *An non magnum eam regii participem fieri thori? (St.)*

parce qu'il cherche plutôt à créer une impression correspondante qu'à traduire exactement. Pour la même raison, il rend χρυσοκόμας par *crespelé* (301).»

vers 303- Les templettes sont des bandelettes placées sur les tempes: cf. Euripide, *Troyennes*, vers 256-258:

> Ῥίπτε, τέκνον, ζαθέους κλῆ-
> δας καὶ ἀπὸ χροὸς ἐνδυ-
> τῶν στεφέων ἱερούς στολμούς.

Jette les clefs sacrées, ô mon enfant: dépouille ton corps de la sainte parure des bandelettes qui l'entourent.

vers 304- En 1585, Garnier supprime la répétition oratoire *autour* de (voir R. Lebègue, édition de *La Troade*, p. 256). La substitution du mot *honneur* est particulièrement heureuse, puisque se trouve ainsi soulignée la déchéance des Troyennes.

vers 310- *debilite*: l'accord du verbe se fait avec le sujet le plus proche.

vers 313-348- Ce passage suit les vers 308-364 des *Troyennes* d'Euripide, où Cassandre dansait en portant un flambeau. Garnier a préféré supprimer ces détails pourtant spectaculaires. Par souci de la bienséance, il condense le chant de la jeune princesse: si les vers 313-318 sont tirés des vers 307-340 des *Troyennes*, la *fureur* de Cassandre se trouve atténuée. En revanche, par la suite, il concentre l'intérêt sur la description de la mort d'Agamemnon et les meurtres qui doivent en découler. Les prédictions de la prêtresse d'Apollon étaient répandues dans la littérature antique. Après Eschyle, Sénèque a intitulé une de ses pièces *Agamemnon*, dont Charles Toutain a donné une adaptation en 1557. On retrouve des prophéties de Cassandre dans l'*Achille* de Nicolas Filleul (1563). Dans la tragédie de Garnier, le passage (vers 321-344) contient un résumé de l'*Orestie*. C'est ce qui rend le récit si dramatique. Garnier développe les vers 356-364 des *Troyennes* d'Euripide, où Cassandre renonce à décrire en détail les crimes qui vont ensanglanter la descendance d'Atrée. Un passage de l'*Odyssée*, XI, 421-26 aide à comprendre les vers 345-346: Clytemnestre tue Cassandre sur le corps d'Agamemnon pendant que celui-ci étreint sa captive. Les vers 335-340 contiennent quelques réminiscences de l'*Agamemnon* de Sénèque, qui comparait le roi de Mycènes à un sanglier qu'on égorge. Garnier transforme l'image et évoque *un bœuf qu'on tue*:

> At ille, ut altis hispidus siluis aper
> cum casse uinctus temptat egressus tamen
> artatque motu uincla et in cassum furit,
> cupit fluentes undique et caecos sinus
> disicere et hostem quaerit implicitus suum. (892-896).

Mais l'autre, semblable à un sanglier hérissé, qui, dans les forêts profondes, bien qu'enchaîné par les rêts, cherche cependant à s'échapper et ne fait, en se débattant dans sa vaine fureur, que resserrer ses liens, essaie de se dégager des plis qui flottent autour de lui en l'aveuglant, et tout embarrassé qu'il est, cherche son ennemi.

vers 319- A partir de la deuxième édition, le texte porte *allumez des flambeaux*, au lieu de *apportez des flambeaux*, ce qui suggère une mise en scène plus visuelle et lumineuse et permet du point de vue lexical et poétique une cohérence dans l'emploi des termes (le sème «lumière» est commun à *allumez* et à *flambeaux*).

vers 324- Dans l'édition princeps, ce vers se présentait ainsi: *Que j'en iray combler l'Atreide maison.* La correction apportée dans les versions postérieures (*Que j'en iray combler d'Atride la maison.*) présente deux avantages: le mot rare *Atreide* disparaît au profit du terme plus courant *Atride* et l'inversion du complément de nom a, au seizième siècle, une valeur stylistique marquée, caractéristique du langage poétique, ce qui n'est pas encore le cas de l'antéposition de l'épithète.

vers 344- *meurtrier*: deux syllabes: *-ier*, après le groupe formé d'une occlusive et d'une liquide se prononce avec synérèse- *Priam*: prononcer [Priã].

vers 355-374- Ce dialogue très vif est inventé par Garnier.

vers 357-358- Dans la deuxième édition, Garnier corrige la rime inexacte *encombres/malencontres*, ce qui l'oblige à transformer les deux vers. Le résultat obtenu est plus musical; un chiasme souligne la paradoxale ressemblance des destins respectifs des Grecs et des Troyens (*egalent-miseres/miseres-egales*); la présence et la place du mot *fatales* donnent au distique la couleur tragique nécessaire.– L. Wierenga a raison de citer ces deux vers pour montrer que les deux éléments, le feu et l'eau, figurent la destruction et la mort (*op. cit.*, p. 65).

vers 365-66- Le siège de Troie a duré dix ans (voir, plus loin, vers 380).

vers 374- *marira* est le futur de *marier* (et non de *marrir*!). La mort d'Agamemnon permettra à la fille de Tyndare (Clytemnestre) d'épouser Egisthe.

vers 381-384- Souvenirs de l'*Iliade* (premier chant), ainsi que de l'*Odyssée*.– «L'eau, élément déloyal, constitue un danger pour les hommes. Elle est si perfide que c'est d'elle que naissent les images de la destruction (...)» (L. Wierenga, *op. cit.*, p. 57).

vers 385-392- Cf. Euripide, *Troyennes*, 380-382:

> χῆραί τ' ἔθνῃσκον, οἳ δ' ἄπαιδες ἐν δόμοις
> ἄλλοις τέκν' ἐκθρέψαντες, οὐδὲ πρὸς τάφους
> ἔσθ' ὅστις αὐτοῖς αἷμα γῇ δωρήσεται.

> Les femmes mouraient veuves; les parents ne laissaient pas après eux d'enfants dans leurs maisons; c'est pour d'autres qu'il les ont élevés et, sur leurs tombes, il n'est personne qui viendra offrir pour eux à la terre le sang des victimes.

Garnier imagine de façon détaillée la scène des funérailles seulement esquissée par son modèle, funérailles dont d'ailleurs les Grecs morts au combat ne bénéficient pas! On peut dire que le pathétique naît, non de la situation réelle, mais de l'imaginaire.

vers 399 sq.- Cf. Euripide (*Troyennes*, 386-387):

> Τρῶες δὲ πρῶτον μέν, τὸ κάλλιστον κλέος,
> ὑπὲρ πάτρας ἔθνῃσκον·

> Les Troyens, au contraire, avaient d'abord la gloire la plus belle; ils mouraient pour la patrie.

vers 403-412- Ce développement didactique sur l'honneur de secourir son pays et sur la justification des guerres défensives provient des vers 400-402 des *Troyennes* d'Euripide:

> Φεύγειν μὲν οὖν χρὴ πόλεμον ὅστις εὖ φρονεῖ·
> εἰ δ' ἐς τόδ' ἔλθοι, στέφανος οὐκ αἰσχρὸς πόλει

καλῶς ὀλέσθαι, μὴ καλῶς δὲ δυσκλεές.

Eviter la guerre est le devoir de tout homme sage; s'il faut pourtant en arriver là, ce n'est pas une couronne à dédaigner qu'un beau trépas pour la cité, mais mourir pour une cause sans beauté n'apporte que le déshonneur.

vers 411-412- J. Bailbé («Ronsard et Robert Garnier», in *Ronsard et la Grèce*, p. 269) reconnaît dans ces deux vers l'influence de la fin de l'*Hymne de la mort* de Ronsard:

Donne moy que soudain je te puisse encourir,
Ou pour l'honneur de Dieu, ou pour servir mon Prince,
Navré d'une grand'playe au bord de ma province. (342-44)

On peut aussi penser à Horace, *Odes*, III, 2, vers 13: *Dulce est decorum est pro patria mori*. Corneille se situera dans la même tradition et développera le même *topos* que Garnier lorsqu'il fera dire à Horace:

Mourir pour le pays est un si digne sort,
Qu'on brigueroit en foule une si belle mort. (*Horace*, 441-42)

vers 415-416- *ceux/receus*: la rime exige que l'on prononce la finale [œ].

vers 416- *cette terre mere*: la terre est un élément protecteur, considéré comme un abri (voir L. Wierenga, *op. cit.*, p. 69 sq.)

vers 421 sq.- Ces beaux vers semblent être de l'invention de Garnier.

vers 423- *Le nom fameux d'Hector*: Homère appelle souvent Hector φαίδιμος, «illustre».

vers 427-438- Les thèmes et le mouvement rhétorique de cette tirade sont à rapprocher de la scène de l'*Antigone* de Garnier, où l'héroïne dit adieu à ses compagnes, à ses concitoyens, à son pays et à la vie (acte IV, vers 2158-2229).

vers 429- *Patarean*: on rendait à Patares, en Lycie, un culte à Apollon et l'on y consultait son oracle en hiver. En été, le dieu rendait ses oracles à Délos. Le surnom qui lui est ici donné provient peut-être des *Odes* d'Horace (III, 4, vers 64).

vers 431-438- Ces pathétiques adieux développent les vers 458-461 des *Troyennes*:

> χαῖρέ μοι, μῆτερ, δακρύσῃς μηδέν· ὦ φίλη πατρίς,
> οἵ τε γῆς ἔνερθ' ἀδελφοὶ χὠ τεκὼν ἡμᾶς πατήρ,
> οὐ μακρὰν δέξεσθέ μ'· ἥξω δ' ἐς νεκροὺς νικηφόρος
> καὶ δόμους πέρσασ' Ἀτρειδῶν, ὧν ἀπωλόμεσθ' ὕπο.

Adieu, ma mère! ne pleure pas. O chère patrie, et vous, mes frères, couchés sous la terre, et toi, père qui nous a donné la vie, vous n'aurez pas longtemps à m'attendre. J'arriverai chez les morts, victorieuse et après avoir ruiné la maison des Atrides qui nous ont perdus.

vers 441-444- Ces vers fournissent de précieuses didascalies.

vers 445-556- Ce long chœur de vingt-huit strophes de quatre vers, chacune étant construite sur deux rimes plates, toutes masculines, dérive de deux sources: les *Troyennes* d'Euripide (511-567) et le deuxième livre de l'*Enéide* de Virgile, qui relate la prise de Troie. L'imitation est toutefois, dans l'un et l'autre cas, extrêmement libre.

vers 445-446- *execrable* est tout à fait normalement associé à *maudit*, étant donné son étymologie (*exsecrabilis* < *ex* + *sacer*: «rejeté par les dieux, hors du sacré », ou, si l'on donne à *sacer* son sens de «maudit», «digne d'être consacré aux puissances infernales»).

vers 449-452- Cf. *Enéide*, II, 32: *molem mirantur equi* et *Troyennes*, 515-521:

> νῦν γὰρ μέλος ἐς Τροίαν ἰαχήσω,
> τετραβάμονος ὡς ὑπ' ἀπήνας
> Ἀργείων ὀλόμαν τάλαινα δοριάλωτος,
> ὅτ' ἔλιπον ἵππον οὐράνια
> βρέμοντα χρυσεοφάλαρον ἔνο-
> πλον ἐν πύλαις Ἀχαιοί.

Oui, je veux entonner une ode pour Troie. Je dirai le long char aux quatre roues, dont la funeste entrée a fait de moi, hélas! une captive de la Grèce, le cheval ébranlant de son fracas le ciel, brillant d'un harnais d'or et rempli de guerriers, qu'à nos portes avaient laissé les Achéens.

vers 451-452- Cf. *Enéide*, II, 243: *utero sonitum quater arma dedere* et 237-238: *scandit fatalis machina muros/feta armis*.

vers 456- *Ce cheval malheureux:* cf. Euripide (*Troyennes*, 530): δόλιον ἄταν «embûche fatale» et Virgile (*Enéide*, II, 237 et 245): *fatalis machina; monstrum infelix*.

vers 463-476- Le tableau du peuple troyen assemblé autour du cheval rappelle les vers 232 sq. du deuxième livre de l'*Enéide*.

vers 465-466- *tant fust decrepit:* «quelque décrépit qu'il fût» (tour concessif).- Ces vers sont un écho des *Troyennes* d'Euripide (527-528):

> Τίς οὐκ ἔβα νεανίδων,
> τίς οὐ γεραιὸς ἐκ δόμων;

> Qui des jeunes filles, qui des vieillards ne sortit point de sa maison?

vers 469- *portans:* le participe présent peut, au seizième siècle, s'accorder avec le nom ou le pronom auquel il se rapporte. Ce n'est qu'en 1679 que l'Académie française proclamera l'invariabilité de cette forme verbale.

vers 471-72: *devotieux/fallacieux*: prononcer avec diérèse.

vers 472- En 1580, Garnier remplace *Cet image fallacieux* par *Ce colosse fallacieux*, ce qui modifie la perspective: le nouveau terme suggère un être animé, dont la taille atteint des dimensions épiques et crée un climat d'inquiétude.

vers 477-480- Cf. Virgile, *Enéide*, II, 250 sq.:

> Vertitur interea caelum et ruit Oceano nox
> inuoluens umbra magna terramque polumque
> Myrmidonumque dolos

vers 481-492- Garnier adapte les vers 542-550 des *Troyennes* d'Euripide:

> Ἐπὶ δὲ πόνῳ καὶ χαρᾷ
> νύχιον ἐπὶ κνέφας παρῆν,
> Λίβυς τε λωτὸς ἐκτύπει
> Φρύγιά τε μέλεα, παρθένοι δ'
> ἀέριον ἀνὰ κρότον ποδῶν
> βοὰν τ' ἔμελπον εὔφρον'· ἐν
> δόμοις δὲ παμφαὲς σέλας

πυρὸς μέλαιναν αἴγλαν
ἔδωκεν ὕπνῳ.

Le travail joyeux finissait à peine, quand survint la nuit et son obscurité. Alors, au son des flûtes libyennes, retentirent les chants troyens. Les jeunes filles, dans l'air vibrant au son de leurs pas cadencés, lançaient des chants d'allégresse. Dans les maisons, l'illumination resplendissante de la fête fit s'éteindre la clarté sombre des feux qui bientôt s'endormirent.

vers 489-492 et vers 497-498- Ces deux passages rappellent l'*Enéide*, II, 268-269:

Tempus erat quo prima quies mortalibus aegris
incipit et domo diuom gratissima serpit.

vers 513-516- cf. Euripide, *Troyennes*, 557-559:

βρέφη δὲ φίλι-
α περὶ πέπλους ἔβαλλε μα-
τρὶ χεῖρας ἐπτοημένας·

Les tendres enfants, aux robes des mères, attachent des mains transies d'épouvante.

Garnier accentue le pathétique en introduisant la première personne et en montrant ainsi le rapport étroit entre les captives et les souvenirs qu'elles relatent, tandis que dans la pièce antique le chœur faisait un récit qui pouvait sembler quelque peu impersonnel, en tout cas moins dramatique et moins émouvant.

vers 534- *Qui vont à nos yeux trespassant*: en utilisant le verbe *trespasser* à la forme progressive et en faisant de l'évocation de la mort un spectacle, Garnier redonne à *trespasser* son sens étymologique («passer au-delà, franchir une limite, passer de la vie à la mort, agoniser»). Il y a là une dramatisation très appuyée. Nous renvoyons sur ce point à notre article: «Connaissance de l'étymologie et poétique: (...) l'emploi du mot *trespas* dans trois tragédies de Robert Garnier», dans *Actes du Colloque Lexique et cognition*.

vers 540- *Et trainent à val les degrez*: «Et nous traînent jusqu'au bas des marches.»

vers 547-556- *Dessus les maisons (...)/Et nos saints temples*: cf. *Enéide*, II, 365: *perque domos et religiosa deorum*.- vers 549-556- Peut-être faut-il voir également ici quelque souvenir de Virgile, *Enéide*, II, 361 et 369, mais, là encore, l'adaptation, au demeurant très libre, prend une allure essentiellement théâtrale, ne serait-ce que par l'emploi de la première personne:

> Quis cladem illius noctis (...)
> (...) ubique pauor et plurima mortis imago.

vers 550- *produit*, au lieu de *produite*: au seizième siècle, l'accord du participe passé est facultatif.

ACTE II

vers 557-748- Garnier a tiré cette scène des vers 409-523 des *Troades* de Sénèque. Mais il s'agissait, dans la pièce latine, d'un dialogue entre Andromaque et un vieillard. Chez Garnier, la veuve d'Hector parle avec le devin Helen (= Hélénus, son beau-frère), fils d'Hécube et de Priam. Nous avons dit dans notre introduction ce qu'on peut penser de ce changement.

vers 557-636- Cette longue tirade est un développement de celle que le même personnage prononce dans les *Troades* de Sénèque (409-425): même plan, mêmes figures, mêmes idées générales, mais l'ensemble est ici l'objet d'une vaste amplification.

vers 557-559- Sénèque, 409 sq.:

> Quid, maesta Phrygiae turba, laceratis comas
> miserumque tunsae pectus effuso genas
> fletu rigatis?

Pourquoi, triste troupe, Phrygiennes, lacérez-vous vos chevelures, pourquoi ayant meurtri votre misérable sein, baignez-vous vos joues d'un flot de larmes?

vers 559-60- *allez-vous travaillant,/Et...mouillant?* Garnier emploie assez souvent des périphrases verbales à valeur progressive, formées à l'aide du semi-auxiliaire *aller* et d'une forme de gérondif en *-ant*: elles insistent sur le déroulement de l'action et caractérisent ainsi le style dramatique du poète. (On se reportera par exemple aux vers 855-56).

vers 563-569- Cf. Sénèque, 412 sq., où l'on trouve la même opposition. Toutefois, chez Garnier, Andromaque ne s'identifie pas complètement à Hector:

> (...) Ilium uotis modo,
> mihi cecidit olim, cum ferus curru incito
> mea membra raperet et graui gemeret sono
> Peliacus axis pondere Hectoreo tremens.

Pour vous, Ilion vient seulement de succomber; pour moi, il y a longtemps qu'elle est tombée; c'est quand le féroce fils de Pélée traînait mes membres derrière son char rapide, et que l'essieu grinçait sinistrement sous le poids d'Hector.

vers 565-570- Voir l'*Iliade*, XXII, 395-404 et 462-65 et XXIV, 14-18.- *Pelian*: fils de Pélée, épithète homérique (équivalent de *Péléide*).- Au vers 570, *Troye* comporte deux syllabes. Il en sera de même aux vers 584 et 607.

vers 571- La substitution de *veis* à *vey* à partir de la troisième édition est sans doute due au souci de réduire l'hiatus entre deux voyelles.

vers 577-580- Voir *Iliade*, XXII, 477-514, où, après la mort d'Hector, Andromaque exprimait ses craintes pour son fils, et, surtout, XXIV, 723-745.

vers 581-584- Garnier a toujours soin de relier le malheur de chaque personnage à celui de la cité entière.- Au vers 584, prononcer le *e* final de *Troye*.

vers 594-595- Le mot *idee* est un terme à la fois intellectuel (cf. *J'y repense*) et visuel (cf. *Je voy*), exactement comme le grec ἰδέα.

vers 595-628- Ce long passage, qui évoque une vraie scène de théâtre (pathétique et dialoguée) à l'intérieur même de la pièce, contient quelques réminiscences du fameux et émouvant entretien d'Hector avec son épouse, tenant dans ses bras le petit Astyanax, au sixième chant de l'Iliade, ainsi que des lamentations d'Andromaque après la mort d'Hector, au chant XXIV (vers 723-745).

vers 609- Dans les trois premières éditions, ce vers se présentait ainsi: *Vous estiez son rampart, vous estiez sa defense.* En 1585, le poète préfère une énumération, plus suggestive, plus énergique à une simple répétition syntaxique.

vers 610-11- Ne pas prononcer le *f* de *captifs*, afin de maintenir l'exactitude de la rime.

vers 613- *navires caves*: style homérique: cf. les expressions κοῖλας ἐπὶ νῆας, ἐν νηυσὶ γλαφυρῇσι, παρὰ νηυσὶ κορωνίσι.

vers 621-626- Voir le chant XXII de l'*Iliade* (Andromaque n'assiste pas aux derniers moments de son époux) et voir surtout le chant XXIV, vers 742-745.

vers 629-632- Le tragique de ces propos échappe à celle qui les tient, puisque l'enfant doit en fait mourir peu de temps après, ce que le spectateur sait déjà, lui qui connaît la légende. Garnier développe l'idée contenue dans les vers 419-421 des *Troades*:

> Iam erepta Danais coniugem sequerer meum
> nisi hic teneret: hic meos animos domat
> morique prohibet; cogit hic aliquid deos
> adhuc rogare: — tempus aerumnae addidit.

> Je me serais déjà arrachée aux Danaens pour suivre mon époux si cet enfant ne me retenait: c'est lui qui maîtrise mes désirs et me défend de mourir; c'est lui qui me force à implorer encore quelque chose des dieux: il a prolongé ma misère.

vers 635-636- Cf. Sénèque, 425: *miserrimum est timere, cum speres nihil.*

vers 637- Sénèque faisait dire au *senex*: *Quis te recens commouit afflictam metus*? Garnier rend la même idée, avec toutefois une notation bien plus concrète, et qui prépare l'emploi du mot *horrible* quelques vers plus loin. On connaît les connotations à la fois religieuses et physiques du terme (frisson de crainte religieuse).

vers 638-643- *On dit que...*: voir dans *Cornélie* (vers 717-744) la discussion entre l'héroïne de cette pièce et le chœur à propos d'un éventuel retour momentané des âmes des morts durant le sommeil des vivants.

vers 645-700- Le passage de l'*Enéide* relatant l'apparition d'Hector à Enée avait inspiré Sénèque (*Troades*, 438-488), imité ici par Garnier. Le même passage de la tragédie latine a été utilisé par le poète dans *Cornélie* (669-706) et par Jean de La Taille dans *La Famine ou Les Gabeonites* (voir R. Lebègue, *éd. cit.*, p. 258). C'est, semble-t-il, de cette dernière pièce que Garnier a tiré, aux vers 659-650, les expressions *mon somme s'envola* (La Taille, 351: *mon sommeil s'envola*) et *çà et là* (La Taille, 352: *deçà delà*): consulter, sur ce point, R. Lebègue, éd. de *La Troade*, p. 250.- A propos du changement de physionomie d'Hector, voir Virgile, *Enéide*, II, vers 274-75: *Ei mihi, qualis erat! quantum mutatus ab illo/Hectore.*

vers 645-652- Contrairement à ses habitudes, Garnier condense ici Sénèque.

vers 648- *en dormant*: «tandis que je dormais».
vers 649-650- Allusion à un célèbre épisode de l'*Iliade*, où l'on voit Hector incendier les vaisseaux achéens (XVI, 112-129).
vers 658-662- Comparer avec Sénèque, vers 457-460:

> Mihi gelidus horror ac tremor somnum excutit,
> oculosque nunc huc pauida, nunc illuc ferens
> oblita misera quaesiui Hectorem:
> fallax per ipsos umbra complexus abit.

> Alors un frisson glacial qui me fait trembler m'arrache le sommeil; dans mon effroi je porte les yeux tantôt ici, tantôt là, oublieuse de mon fils et cherchant <en vain>, malheureusement, mon Hector: son ombre trompeuse disparut au moment même où je l'étreignis.

vers 663-678: Garnier suit ici Sénèque de très près (461-474); le deuxième mouvement (671-678) présente toutefois un tableau plus précis, plus visuel. L'introduction du verbe *voir*, en particulier, relève de l'initiative de Garnier.
vers 671-678- Cf. Virgile, *Enéide*, XII, 168: *Magnae spes altera Romae*.
vers 673-676 *Vous redressez...vous r'assemblez*: formes anciennes du subjonctif présent, encore assez fréquentes à la fin du seizième siècle.
vers 688- *anciens*: diérèse.
vers 691- *cité...trionfant*: il arrive encore assez souvent que le participe présent comporte au seizième siècle une forme épicène, c'est-à-dire semblable au masculin et au féminin.
vers 701-748- Là encore, Garnier s'inspire de l'épisode correspondant des *Troades* (489-523). L'emprunt se révèle heureux, car il permet de ménager l'intérêt, de maintenir un climat d'inquiétude, voire d'angoisse, qui ira en s'amplifiant dans la scène suivante. On remarque d'ailleurs le retour assez fréquent de termes exprimant la crainte et la terreur.- La prière aux dieux des vers 715-722 a été ajoutée par Garnier.
vers 710- *colere* est parfois, comme ici, masculin au seizième siècle.
vers 739- *mourez*: subjonctif (forme remontant à l'ancien français et encore assez courante à la fin du seizième siècle).

vers 743-744- Emphase typiquement sénéquienne (*Troades*, 519-521). L. Wierenga (*op. cit.*, p. 70), voit dans ces deux vers, ainsi que dans le distique suivant, la preuve que, dans *La Troade*, la terre-mère est conçue comme un élément protecteur.

vers 749-758- Dialogue ajouté par Garnier.

vers 749- *tous*: «tout, complètement,entièrement». Cet adverbe indéfini est variable et s'accorde au seizième siècle.

vers 759-1037- Imitation des vers 524-704 des *Troades*.

vers 763- *Troye*: deux syllabes.

vers 773-786- Ces comparaisons de type homérique figurent déjà chez Sénèque (536-545). Elles sont ici très brèves par rapport à celles que l'on trouve dans les pièces antérieures de Garnier. Elles ne ralentissent donc pas trop le mouvement de la scène, d'autant plus qu'elles s'adaptent bien, surtout la troisième d'entre elles, à la situation envisagée.

vers 778-779- *ancien* et *scion* comportent chacun une diérèse.

vers 787-816- On ne trouve pas chez Sénèque l'équivalent de ces deux tirades.

vers 791- *Le pauvret*: Garnier, ainsi que le remarque R. Lebègue, affectionne les diminutifs pour caractériser des enfants malheureux ou en danger, ce qui intensifie les effets pathétiques. On se reportera aussi aux vers 312 et 1247, où l'on observe le même procédé.

vers 792- Prononcer le *e* final de *Troye* devant un mot commençant par une consonne.

vers 794- *ruines* doit être prononcé avec diérèse.

vers 797-798- *oi* doit être prononcé [wè].

vers 803- *Mais si considerez*: «Mais si vous considérez».

vers 805- *soudard* signifie simplement «soldat», et n'a pas de valeur péjorative.- *Grec* est ici adjectif épithète de *soudard*.

vers 813- *Diane*: diérèse.

vers 829-830- Sénèque: *Simulata remoue uerba; non facile est tibi/decipere Vlixem* (568-569).

vers 833-834- Mêmes interrogations dans le texte de Sénèque (572-573): *Vbi Hector? Vbi cuncti Phryges?/Vbi Priamus?- le preux Hector*: l'adjectif ajouté par Garnier est l'un des caractérisants répertoriés par Maurice de La Porte.- Au vers 834, *Troye* comporte deux syllabes.

vers 845- *de* est souvent omis devant l'infinitif dans la langue de la Renaissance. La constuction moderne avec *de* existe aussi (cf. vers 848).

vers 849- *delivrez-le*: faire l'élision du *e* final, le mot suivant commençant par une voyelle.

vers 856- *foüets* ne comporte qu'une syllabe (synérèse).

vers 857-858- Cette sentence est ajoutée par Garnier.

vers 867-70- Cette réplique révèle le sang-froid d'Ulysse, capable de s'abstraire de la situation présente et de ne pas se laisser dominer par l'émotion et la pitié.

vers 881-82- Garnier, ici comme ailleurs dans son théâtre, évoque la mort avec le goût de la précision et du concret. Ce trait de style appartient à l'esthétique de l'horreur, toute sénéquienne et déjà baroque. (voir aussi les vers 953-958, particulièrement expressifs.)

vers 887- Les *Danois* sont les *Danaens*, l'un des trois noms qu'Homère donne aux Grecs, outre ceux d'*Argiens* et d'*Achéens*.

vers 888- *ayant creu* se rapporte à *Te* (=Ulysse), et non au sujet de la proposition, *les Danois*.

vers 913-914- L'Andromaque de Sénèque était en proie au même tremblement de crainte. Garnier a conservé cette réaction efficace sur le plan théâtral. Cf. aussi Jean de La Taille, *La Famine*, vers 709-710.

vers 917- Jean de La Taille, dans *La Famine* (712), utilisait lui aussi le verbe *poursuivre*. Raymond Lebègue (éd. de *La Troade*, p. 250) n'écarte pas, dans le cas présent, une possible influence de cet auteur sur Garnier.

vers 921- *poison* est souvent féminin au seizième siècle (genre étymologique: le latin *potio* est également féminin).

vers 924- *qui:* «qu'est-ce qui» (pronom interrogatif neutre).

vers 939-974- Ce débat intérieur se trouve aussi dans les *Troades* (642-662).

vers 948- *pourtraits*: phénomène d'ouïsme: [o] s'est fermé en [u] en syllabe initiale non tonique; mais l'hésitation reste fréquente, ainsi qu'en témoigne la variante *portrait*.

vers 952- Indication scénique: les personnages se trouvent près du rivage.

vers 977- Andromaque utilise, comme Ulysse, un argument religieux, afin de mieux le contrer.

vers 985-90- Cette résistance physique acharnée rend la scène particulièrement animée.

vers 1014- *Qui fus*: moi qui fus.

vers 1024 sq.- Afin de fléchir Ulysse plus facilement, Andromaque évoque tout ce qui peut être cher au prince grec: patrie, épouse, enfant; ainsi tente-t-elle de l'émouvoir en établissant un parallèle implicite entre sa situation de mère et celle du père de Télémaque, ou celle de Laerte, père d'Ulysse lui-même.

vers 1037-1136- C'est encore ici Sénèque qui a servi de modèle. Toutefois, certains détails sont introduits à des fins pathétiques: par exemple, là où Sénèque faisait dire à Andromaque: *Hae manus Troiam erigent?* (740), Garnier ajoute une tendre et gracieuse description, chargée d'émotion: *Quoy? ces floüettes mains, ces deux mains enfantines/Pourront bien restaurer les Troyennes ruines?*

vers 1044- *N'en faites pas refus, ce n'est point deshonneur*: on devine ici la réticence de l'enfant, qui doit reculer avec fierté.

vers 1055-56- Pour respecter la rime, ne pas prononcer le *c* de *Grecs*.

vers 1058-59- *ruines, audacieux*: diérèse.

vers 1061- *Troye*: prononcer le *e* final.

vers 1067-1068- Cf. *Troades*, 750: *O machinator fraudis et scelerum artifex*, et peut-être Jean de La Taille, *La Famine* (897): *O desloyal...*(voir Lebègue, éd. de *La Troade*, p. 250). On songe aussi aux épithètes traditionnelles d'Ulysse, quoique que plus laudatives: πολύμητις (très rusé, très habile) ou πολύτροπος (très ingénieux). En revanche, Maurice de La Porte, dans ses *Epithètes* (1571), donne une liste impressionnante de termes dépréciatifs à appliquer au redoutable Ithaquois, parmi lesquels *cauteleux, méchant, parjure*, repris ici par Garnier.

vers 1082-1104- Pathétique traditionnel, fondé sur l'évocation d'un avenir qui ne se produira pas.- Les vers 1095-96 expriment le rêve d'une vengeance d'Hector, dont le cadavre fut traîné sur le sol d'une façon ignominieuse.

vers 1100- *l'espee:* prononcer le *e* final devant la consonne initiale du mot suivant- *Sanglier*: synérèse.

vers 1104- Le *trespas* est bien ici le «passage», la mort vécue, celle qui peut donner lieu à un *spectacle.* Sur cette valeur aspectuelle du mot *trespas*, voir notre article (à paraître), cité à la note du vers 534.

vers 1112- *Troye*: prononcer le *e* final.

vers 1135-1136- Cf. Sénèque, 812-813: *Nullus est flendi modus:/abripite propere classis Argolicae moram.* La brutalité d'Ulysse provient à la fois de son impatience et du fait qu'il a du mal à supporter l'horreur de la situation. Ses propos laconiques pourraient alors dissimuler une réelle émotion.

vers 1137-1234- «Ce chœur est le seul, dans le théâtre de Garnier, qui soit en septains et ait deux mètres pour les strophes paires et pour les impaires; ces deux formes strophiques ont rarement été employées.» (R. Lebègue, éd. de *La Troade*, p. 259). Cette alternance de deux types de vers (octosyllabes et heptasyllabes) n'est pas sans rappeler l'alternance entre l'hexamètre et le pentamètre dans le distique élégiaque latin. Ce rapprochement permet de souligner le caractère lyrique de ces strophes. La disposition des rimes est la suivante: ABABCBC (rimes croisées); la rime B, la seule à être féminine, apparaît tous les deux vers; ce schéma, commun aux deux types de strophes, assure l'unité de l'ensemble, de même que la rime B, par son retour régulier, donne une certaine cohérence à chaque strophe.

vers 1141-1178- Le mouvement général et les principaux thèmes de ces vers sont librement imités de Sénèque, *Troades*, 814-860. Garnier supprime toutefois de nombreuses allusions géographiques, ce qui contribue à alléger l'évocation. Il n'en garde que l'essentiel, il en développe d'autres et ajoute certains éléments, comme la mention de l'île de Délos ou d'Hélène.

vers 1144 sq.- Le fleuve Pénée coulait en Thessalie, dans la vallée de Tempé, célèbre par sa beauté. Cette strophe développe le vers 815 de la pièce de Sénèque: *Thessali montes et opaca Tempe.*

vers 1158-1164- Allusion à la naissance d'Apollon et d'Artémis à Délos.

vers 1168- Sparte est ici considérée comme maudite, car c'est la patrie d'Hélène, cause de la guerre de Troie. (Cf. Sénèque, *Troades*, 853-854: *dum luem tantam Troiae atque Achiuis/quae tulit, Sparte, procul absit...*).

vers 1175- Hélène est *abominable*, c'est-à-dire «maudite»: on doit se détourner d'elle comme d'un mauvais présage (cf. latin *abominabilis*, formé de *ab* et de *omen*). Sénèque ne la nommait pas dans le chœur des *Troades* dont Garnier s'inspire ici.

vers 1179-1185- Cette strophe rappelle les vers 629-637 de l'*Hécube* d'Euripide:

> 'Εμοὶ χρῆν συμφοράν,
> ἐμοὶ χρῆν πημονὰν γενέσθαι,
> 'Ιδαίαν ὅτε πρῶτον ὕλαν
> 'Αλέξανδρος εἰλατίναν
> ἔταμεθ', ἅλιον'ἐπ' οἶδμα ναυστολήσων
> 'Ελένας ἐπὶ λέκτρα, τὰν
> καλλίσταν ὁ χρυσοφαὴς
> ῞Αλιος αὐγάζει.

J'étais vouée à l'infortune, j'étais vouée à la douleur, du premier jour où sur l'Ida Alexandre coupa le bois du sapin, pour cingler sur la houle marine vers le lit d'Hélène, la plus belle des femmes que le Soleil éclaire de sa lumière d'or.

vers 1181-1192- Allusion au voyage de Pâris en Grèce et à l'enlèvement d'Hélène, femme de Ménélas. –Aux vers 1187-91, Garnier accorde ou non le participe passé employé avec l'auxiliaire *avoir* selon les exigences de la rime.

vers 1204-1205- *par mesme Paris...par mesme Helene*: à cause du même Pâris, de la même Hélène [ou] de Pâris lui-même, d'Hélène elle-même. –*absentes*: alors qu'elles sont loin [de leurs époux et de leurs fils].

vers 1207-1234- Garnier s'inspire d'un chœur de Sénèque (*Hercules Oetaeus*, 1031 sq.), faisant lui aussi allusion à Orphée, fils de Calliope, qui chanta sur les pentes du mont Rhodope, en Thrace. Le thème de la mort universelle y est également développé:

> Verum est quod cecinit sacer
> Thressae sub Rhodopes iugis
> aptans Pieram chelyn
> Orpheus Calliopae genus,
> aeternum fieri nihil. (...)

> Oui, bien véridique est ce que chantait, sur les pentes du Rhodope Thrace, en accordant <à sa voix> la lyre de Piérie, Orphée, le fils de Calliope:il n'existe rien d'éternel.

Les visions des vers 1214 sq. ont leur équivalent chez Sénèque:

> Iam, iam legibus obrutis
> mundo cum ueniet dies,
> australis polus obruet
> quicquid per Libyam iacet
> et sparsus Garamas tenet;
> Arctoüs polus obruet
> quicquid subiacet axibus
> et siccus Boreas ferit.
> Amisso trepidus polo
> Titan excutiet diem. (1102-1111)

> Un jour, un jour viendra pour l'univers où toutes ses lois seront bouleversées; le pôle austral écrasera toutes les étendues libyennes, tout le pays des Garamantes nomades; le pôle arctique écrasera tout ce que domine son axe et ce que bat le sec Borée. Tremblant et détaché du ciel, le Soleil fera tomber son disque lumineux.

Tout en reprenant le mouvement rhétorique, Garnier introduit l'image de la *torche amortie/Aux tenebres de la nuit.*

ACTE III

vers 1235-1274- On reconnaît, dans ce début d'acte, l'influence des vers 59-97 de l'*Hécube* d'Euripide.

vers 1235-1244- Cf. *Hécube*, vers 59-67:

> Ἄγετ', ὦ παῖδες, τὴν γραῦν πρὸ δόμων,
> ἄγετ' ὀρθοῦσαι τὴν ὁμόδουλον,
> Τρῳάδες, ὑμῖν, πρόσθε δ' ἄνασσαν·
> λάβετε φέρετε πέμπετ' ἀείρετέ μου
> γεραιᾶς χειρὸς προσλαζύμεναι·
> κἀγὼ σκολιῷ σκίπωνι χερὸς
> διερειδομένα σπεύσω βραδύπουν
> ἤλυσιν ἄρθρων προτιθεῖσα.

> Conduisez, mes filles, la vieille femme devant la demeure; conduisez en la redressant, Troyennes, votre compagne de servitude, auparavant votre reine; prenez-moi, portez-moi, escortez-moi, soulevez-moi, en saisissant mon vieux bras. Et moi, la main appuyée sur ce bâton tordu, je hâterai, en l'avançant, la marche de mon pied ralenti.

Comme Euripide, Garnier insiste sur la vieillesse et la faiblesse de la reine, ainsi que sur la nostalgie de la puissance passée, pour intensifier l'émotion et souligner le tragique:

> Hécube, accablée à la fois par la vieillesse et la douleur, emplit deux tragédies –*Hécube* et les *Troyennes*– du pathétique le plus intense. Les premiers mots qu'elle prononce, dans la première de ces deux pièces, donnent déjà la note de cette saisissante faiblesse. (...) Hécube s'afflige (...) à remémorer le contraste; elle est devenue compagne d'esclavage des Troyennes, sur qui autrefois elle régnait. (...) Les mêmes réflexions conduisent Polyxène à son geste héroïque. (...) Un tel contraste fait accepter la mort. (J. de Romilly, *Le Temps dans la tragédie grecque*, p. 144 et p. 114).

vers 1239- *De Royne trionfante, et de mere feconde*: «de reine triomphante et de mère féconde que j'étais».

vers 1246- La périphrase verbale progressive *se vont affoiblissans* a valeur descriptive et théâtrale.

vers 1247-1254- Euripide faisait dire à la reine:

> Ὦ στεροπὰ Διός, ὦ σκοτία νύξ,
> τί ποτ' αἴρομαι ἔννυχος οὕτω
> δείμασι, φάσμασιν; Ὦ πότνια Χθών,
> μελανοπτερύγων μῆτερ ὀνείρων,
> ἀποπέμπομαι ἔννυχον ὄψιν...

O clarté de Zeus, ô nuit ténébreuse, pourquoi suis-je ainsi affolée de terreurs nocturnes, de fantômes? O Terre auguste, mère des songes à l'aile noire, loin de moi la vision nocturne que j'ai eue en rêve...(*Hécube*, 68-72)

Garnier garde l'idée en la modifiant: il qualifie le songe par des adjectifs plus abstraits, puis tire la comparaison avec le vautour des *songes à l'aile noire* du poète grec. La répétition du terme *songe* et sa quintuple caractérisation font de ce rêve prémonitoire une obsession et intensifient l'attente tragique.

vers 1256-1260- Euripide, 90-91:

> Εἶδον γὰρ βαλιὰν ἔλαφον λύκου αἵμονι χαλᾷ
> σφαζομέναν, ἀπ' ἐμῶν γονάτων σπασθεῖσαν ἀνοίκτως.

Car j'ai vu une biche à la robe tachetée, sous la griffe sanglante d'un loup qui l'égorgeait, arrachée à mes genoux impitoyablement.

Marie-Madeleine Mouflard (*Robert Garnier*, tome III, pp. 98-99) pense que Garnier s'est servi ici de traductions, qu'il ait eu ou non le grec sous les yeux: «l'expression *nourrie en mon giron* vient sans doute d'Erasme (*gremio*); mais c'est surtout à partir de Bochetel qu'il compose son tableau», même s'«il supprime les adjectifs *sanglante, tachée*», employés par son modèle, dont voici le texte:

> Dormant m'a semblé qu'est venu
> Ung loup à la gueule sanglante
> Qui de ma poitrine dolente
> Avoit une biche arrachée,
> De diverses couleurs tachée,
> Et mangeoit la beste cruelle
> Ceste biche qui tant fut belle.

Il faut aussi souligner que Garnier «remplace le loup par un lion, sans doute sous l'influence de Sénèque».

vers 1256- *dormant*: «en dormant»: le gérondif n'est pas obligatoirement précédé de la préposition *en* au seizième siècle.

vers 1261-1269- Chez Euripide, le fantôme d'Achille réclamait lui aussi une captive et Hécube craignait également pour la vie de Polyxène (92-97).

vers 1263- *de face menaçante*: la théâtralisation est ici sensible. L'épithète *menaçante* appartient au vocabulaire tragique (la crainte est l'un des ressorts du tragique). Garnier répète le mot *peur* (vers 1267 et 1269).

vers 1275-1322- Pour ce dialogue, Garnier prend comme modèle les *Troades* de Sénèque (163-202).

vers 1273-1274- «Dans la *Troade* de Garnier, Hécube s'adresse à la fin de son rêve aux *grands Dieux de la terre et des enfers hideux*. Le songe correspond dans la tragédie au moment où le monde humain est mis en communication avec les Enfers.» (Françoise Joukovsky, *Songes de la Renaissance*, introduction, p. 51).

vers 1275-1278- Garnier tient les personnages, et donc les spectateurs, en haleine.

vers 1279- *pleine de merveille*: «tout à fait miraculeuse».- Le terme de *merveille* comporte une connotation religieuse et nous introduit dans le domaine du surnaturel. Il en sera de même lors du récit de l'apparition: *horrible* et *horriblement* (vers 1290 et 1294) possèdent, on le sait, une tonalité également religieuse.

vers 1286- *qui*: «qu'est-ce qui».

vers 1287-1318- Garnier suit Sénèque de très près (167 sq.). Le récit de l'apparition de l'ombre d'Achille aux Grecs ne figurait pas dans la pièce d'Euripide: seule Hécube voyait en songe son fantôme et entendait ses exigences (*Hécube*, 92-95). Garnier, en quête d'effets poétiques grandioses et inquiétants, préfère donc puiser à la source latine.- La narration tire son efficacité de sa relative densité.- L. Wierenga commente ce passage avec perspicacité:

> «Les êtres humains que la terre a recueillis ne sont pas tout à fait morts. Quand l'écorce terrestre se fend, le regard plonge dans la fente, et aperçoit la vie qui continue. C'est que la terre ne détruit pas, ne dévore pas, comme le feu, mais étant une «cavité accueillante», elle reçoit et enveloppe les corps, sans en empêcher toute activité. Achille, mort devant Troie, et enterré près de la

ville, n'en continue pas moins à influencer le cours des événements, à réclamer les honneurs. Non seulement il apparaît en songe, mais il remonte de sa tombe, reconnaissable à tous: ils reconnaissent sa rude voix, son allure héroïque. Au début de cette réapparition, Garnier parle du *fantosme* d'Achille, puis ne fait plus aucune distinction entre l'ombre d'Achille et le héros tel qu'il fut avant sa mort.» (*op. cit.*, p. 73)

vers 1290 et 1294- La figure de dérivation (*horrible, horriblement*) traduit l'émotion du narrateur.

vers 1323-1376- Ce chœur est imité de celui des *Troades* (371-408). Il fournit un excellent exemple de traitement original, puisque non seulement il ne se trouve pas à la même place dans le drame– «Garnier l'a déplacé afin de séparer des plaintes de la reine troyenne la discussion des chefs grecs.» [Lebègue, éd. de *La Troade*, p. 260]–, mais qu'encore l'idée se trouve totalement modifiée: Garnier, poète chrétien, ne pouvait pas reprendre à son compte la négation de l'immortalité proclamée par les Troyennes chez Sénèque. «Garnier emprunte au platonisme chrétien de la Renaissance la matière des v. 1347-76.» (Lebègue, éd. de *La Troade*, p. 260).- Cette méditation sur la mort, placée au milieu de la pièce, marque un répit dans la succession des souffrances accumulées et ouvre un espoir vers l'au-delà. Loin donc de constituer un hors d'œuvre poétique, elle s'inscrit dans la logique du sujet de la tragédie.- Ce chœur comporte neuf strophes de six vers; chaque strophe comprend deux tercets constitués de deux octosyllabes et d'un tétrasyllabe; les rimes obéissent au schéma AABCCB: les octosyllabes présentent donc deux rimes différentes (A et C, suivies et masculines) et les tétrasyllabes riment entre eux (rime B féminine). La disposition apparaît ainsi d'une grande simplicité et d'une variété toute régulière et symétrique, ce qui dote l'ensemble d'une fluidité non dépourvue de noblesse.

vers 1323-1340- Ces trois strophes peuvent être dites ou chantées chacune par un personnage différent. La réponse (vers 1341 sq.) serait alors donnée par un quatrième personnage.

vers 1365-1376- A partir de la deuxième édition (1580), Garnier substitue à plusieurs reprises *là* à *où* en tête de vers: cette anaphore n'est pas sans rappeler le sonnet CXIII de *l'Olive* de Du Bellay.

vers 1377-1528- L'âpre débat qui oppose Agamemnon et Pyrrhus correspond aux vers 203-370 des *Troades*. Il se déroule dans un autre lieu que celui des scènes précédentes, ce qui suppose un espace scénique comportant des *mansions* diverses, comme pour la représentation des mystères médiévaux.

vers 1381-1382- Selon la légende, Télèphe était le fils d'Héraclès et d'Augé, fille d'Aléos, roi de Tégée, ville d'Arcadie. Il vécut à la cour de Teuthras, roi de Mysie, qui le considérait comme son fils adoptif et son héritier. Lorsque les Grecs se rendirent à Troie, ils passèrent par la Mysie. Se déclarant allié des Troyens, Télèphe combattit l'envahisseur, mais il fut blessé à la cuisse par la lance d'Achille. C'est à cet épisode que Pyrrhus fait ici allusion.

vers 1383- Troïle était le plus jeune des fils de Priam et d'Hécube. Il fut tué par Achille. Plusieurs versions de la légende circulaient à ce sujet. Priam le nomme parmi les fils qu'Arès lui a ravis, au chant XXIV de l'*Iliade*, vers 257.- Memnon était petit-fils de Laomédon, fils de l'Aurore et de Tithonos, et frère de Priam. Il fut vaincu et tué par Achille, mais Zeus accorda l'immortalité au fils de l'Aurore.

vers 1384- Hector fut tué par Achille (*Iliade*, chant XXII).- Garnier a modifié, dès 1580, la fin du vers: il avait d'abord écrit *a destruit le renom*: il remplace le verbe *destruire* par *ternir*, terme plus expressif et mieux adapté à son complément d'objet.

vers 1385- *Penthasilee* = Penthésilée, reine des Amazones, fille d'Arès, le dieu de la guerre. Elle vint, à la tête d'une troupe d'Amazones secourir les Troyens, mais elle fut abattue par Achille, qui, admirant sa beauté au moment où elle s'écroulait, tomba amoureux d'elle et, de colère, tua Thersite, qui avait osé se moquer de lui.

vers 1386-1388- Garnier résume par cette évocation générale les nombreux autres exploits longuement énumérés par Sénèque. On voit que le poète abrège lorsque la dramaturgie ne gagne pas à certains développements et qu'au contraire, dans d'autres passages, il amplifie tout ce qui peut augmenter le pathétique ou le spectaculaire.

vers 1397-1440- Le discours d'Agamemnon est volontiers sentencieux: sa qualité de roi des rois et de chef de l'expédition lui donne le droit de sermonner abondamment Pyrrhus, qui n'a d'autre gloire que d'être le fils d'Achille et qui, en fait, a le tort d'être *un bastard.* Le généralissime joue donc consciencieusement son rôle de monarque autoritaire.

vers 1399-1400- Allusion à la querelle entre Agamemnon et Achille dans l'*Iliade.* Achille s'était retiré du combat. On devine qu'Agamemnon est par avance mal disposé à l'égard du fils de son ancien ennemi.- *colere* est ici masculin, comme au vers 710.

vers 1409- Prononcer le *e* de *Troye* devant consonne.

vers 1420- *furieux*: diérèse.

vers 1421- *Les Pergames de Troie*: «les citadelles de Troie».

vers 1439- Le verbe *souffrir* est ici construit avec une proposition infinitive de type latin.

vers 1442-1456- L'éloge d'Achille, qui apparaît d'une grande concision par rapport à la louange enflammée que Pyrrhe faisait de son père (1377 sq.), est suivi de reproches: Agamemnon donne l'impression de ne louer le héros défunt qu'à contre-cœur.

vers 1455- Prononcer *rendriez* avec synérèse, mais *odieux* avec diérèse.

vers 1457-1458- Dans l'*Iphigénie à Aulis* d'Euripide, Ménélas reprochait à son frère Agamemnon de semblables contradictions (334 sq.).

vers 1459-1461- Dans l'*Iliade*, II, 225 sq., Thersite traite lui aussi Agamemnon de débauché. Ici, Pyrrhe fait notamment allusion au désir qu'Agamemnon éprouva jadis pour Chryséis, puis pour Briséis (cf. chant I de l'*Iliade*) et qu'il manifeste maintenant pour Cassandre. Au vers 1461, Garnier apporte en 1585 une heureuse correction: *lascivement* est plus précis et plus expressif qu' *insolemment.*

vers 1469-1472- Achille avait effectivement eu pitié de la *vieillesse grise* de Priam lorsque ce dernier était venu lui réclamer le cadavre de son fils, afin de pouvoir l'ensevelir (*Iliade*, XXIV, 515-516).- Au vers 1472, *demandant* ne se rapporte pas au sujet de la proposition (*ce tien pere*), mais à *que* représentant *Priam*; il faut donc donner à *luy demandant* le sens de «alors que Priam demandait à ton père».

vers 1479- *qui ores le defens*: «toi qui défends maintenant cela».

vers 1481-1486- Cet échange de vues entre l'arbitraire du maître et la légitimité morale sera repris et amplifié par Garnier dans son *Antigone* (1803-1827).

vers 1490- Achille a vécu neuf ans dans l'île de Scyros, à la cour du roi Lycomède. Il y avait mené à Scyros une vie efféminée. Déguisé en femme, il vivait avec les filles de son hôte. Ulysse vint le chercher.

vers 1491 et 1494- Allusion aux crimes commis dans la famille des Atrides, et notamment au festin macabre offert par Atrée à son frère Thyeste.

vers 1493- *mon ayeule*: Thétis, la mère d'Achille, est la grand-mère de Pyrrhus.

vers 1499-1501- *Eac' est sous la terre, en son ciel Jupiter*: Eaque, le père de Pélée (et donc le grand-père d'Achille et l'arrière grand-père de Pyrrhus) est l'un des trois juges des Enfers avec Minos et Rhadamante. Il est aussi le fils de Zeus, ce qui fait d'Achille et de Pyrrhus les descendants de Jupiter.– *Thétis* (vers 1500) est la mère d'Achille. Elle fait partie de la troupe des Néréides et habite auprès de son père, le vieux Nérée, au fond de la mer. C'est elle, dit Pyrrhus, qui agite les flots. Si donc les Grecs ne satisfont pas la demande du spectre d'Achille, elle est capable de ne pas mouvoir les vagues et de bloquer la flotte achéenne. Garnier (ou peut-être, malicieusement, Pyrrhe) semble dans ce passage confondre deux figures mythologiques marines: Thétis, la Néréide, et Thétys, femme de l'Océan.– On peut constater que face au rois des rois, Pyrrhus fait valoir ses titres de noblesse et son appartenance divine au *triplex regnum*, évoqué par Ovide dans les *Métamorphoses* (V, 368) et formé par le ciel, la mer et les enfers, soumis respectivement à Jupiter, Neptune et Pluton. Devant ses prétentions, Agamemnon aura beau jeu de rappeler à son interlocuteur qu'Achille, tout demi-dieu qu'il était, n'en a pas moins péri, comme tout mortel, et qu'il a succombé aux coups de Pâris (vers 1501).

vers 1503- *Paris, le plus couard*: en fait, Pâris ne manque pas de courage; mais on le voit (*Iliade*, chant III) frémir un instant lorsqu'il affronte Ménélas, et l'on jase sur son compte (*Iliade*, chant VI).

vers 1510- *la* représente *Polyxène*.

vers 1511-1512- Allusion à l'épisode d'Aulis et au sacrifice d'Iphigénie par Agamemnon.

vers 1516- *Au paistre*: la substantivation de l'infinitif était un procédé cher à la Pléiade, recommandé par du Bellay (*Deffence et Illustration*, II, 9, p. 160).

vers 1519- Chez Sénèque, on lit simplement *Calchas*. Garnier le caractérise par deux épithètes de type homérique.

vers 1521-1528- L'intervention de Calchas met brutalement fin au débat, au détriment d'Agamemnon, et, surtout, de Polyxène.

vers 1529-1728- Cet épisode de 200 vers n'est pas tiré de la tragédie de Sénèque, où c'était Hélène qui venait chercher la jeune Polyxène pour la faire conduire à la mort. Garnier utilise la scène correspondante d'Euripide (*Hécube*, 216-437). Chez le poète grec, Ulysse ordonnait à Hécube de livrer sa fille. Comme celui-ci est déjà venu réclamer Astyanax dans l'acte précédent, Garnier a substitué Pyrrhus au fils de Laerte. L'imitation reste assez libre dans l'ensemble.

vers 1531- Garnier substitue, dans la quatrième édition, un adjectif pathétique à une banale épithète de nature: *son rouge sang* devient *son tiede sang*. Le vers suivant décrit complaisamment le sacrifice prochain de la victime (voir aussi le vers 1540).

vers 1535-1536- Noter le dynamisme scénique (impératifs de verbes de mouvement).

vers 1539-1554- Pyrrhe fait preuve ici de beaucoup plus de brutalité que l'Ulysse d'Euripide (*Hécube*, 218-228). Les injonctions et la présence des verbes de mouvement créent un effet dramatique intense. Et la réaction d'Hécube est tout aussi violente.

vers 1541- La justice de Jupiter doit, selon Hécube, l'emporter sur les caprices d'Achille; d'ailleurs, Zeus n'est-il pas le roi des dieux, alors qu'Achille n'est qu'un demi-dieu?

vers 1544- *execrable*: «maudit» (par les dieux), ce qui peut sembler paradoxal, puisque Calchas a exigé le sacrifice en tant qu'interprète de la volonté divine.

vers 1545- *valeureus Achille*: l'épithète figure sur la liste de Maurice de La Porte.

vers 1546- Sans aucun ménagement, ni aucune retenue, Pyrrhe se désigne comme le sacrificateur. Il ne prend même plus la précaution oratoire de rappeler que le sacrifice est accompli au nom de tous les Grecs. Il semble en faire une affaire personnelle, puisqu'il agit pour son père défunt, Achille, dont le fantôme a exigé le sang de la princesse.

vers 1554- *Il veut*: Achille mort continue à exercer sa volonté sur les vivants.

vers 1555-1560- Le rappel des pertes subies par Hécube contribue, ici comme ailleurs, à rendre plus pesant le climat tragique.

vers 1563- 1570- Cf. Euripide, *Hécube*, 265-270:

> Ἑλένην νιν αἰτεῖν χρῆν τάφῳ προσφάγματα·
> κείνη γὰρ ὤλεσέν νιν ἐς Τροίαν τ' ἄγει.
> Εἰ δ' αἰχμαλώτων χρή τιν' ἔκκριτον θανεῖν
> κάλλει θ' ὑπερφέρουσαν, οὐχ ἡμῶν τόδε·
> ἡ Τυνδαρὶς γὰρ εἶδος ἐκπρεπεστάτη,
> ἀδικοῦσά θ' ἡμῶν οὐδὲν ἧσσον ηὑρέθη.

> C'est Hélène qu'il devait réclamer pour son tombeau comme victime; voilà celle qui l'a perdu et conduit à Troie. Et s'il doit périr une captive de choix, supérieure en beauté, ce n'est pas nous que cela regarde. La fille de Tyndare brille comme la plus belle, et tout autant que nous on l'a trouvée coupable.

vers 1565- *Troye subvertie*: le *e* final de *Troye* doit être prononcé, puisque le mot suivant commence par une consonne.

vers 1571- On notera l'élision de l'*e* final à la fin du premier hémistiche, indispensable ici, puisque la seconde moitié du vers commence par une consonne.- *preux*: épithète traditionnelle d'Achille, indiquée par M. de La Porte (voir aussi le vers 2117).

vers 1580-1590- Hécube lance à Pyrrhus le même avertissement que celui qu'adressait, à la scène précédente, Agamemnon au fils d'Achille.

vers 1589- *Pelide*: épithète traditionnelle d'Achille et de sa descendance (Homère, M. de La Porte).

vers 1593-1598- Cet appel à l'honneur militaire et à la vertu sans tache devait être bien compris des contemporains, sensibles à la renommée nobiliaire, autant qu'au salut de leur âme.

vers 1593- *le clair* de *vos louanges*: «l'éclat de votre gloire»: périphrase (adjectif substantivé + complément de nom) recommandée par du Bellay (*Deffence*, II, 9, p. 160).

vers 1595- Par souci d'expressivité, Garnier, à partir de la troisième édition, remplace *sens* par *sang*.

vers 1600- *ma chere moitié*: cette expression est peut-être un écho d'Horace, *Odes*, I, 3, v. 8: *serves animae dimidium meae.*

vers 1601-1602- L'émotion de Pyrrhe est, bien que plus contenue, semblable à celle qu'exprimait le chœur dans *Hécube* (296-298):

> Οὐκ ἔστιν οὕτω στερρὸς ἀνθρώπου φύσις,
> ἥτις γόων σῶν καὶ μακρῶν ὀδυρμάτων
> κλύουσα θρήνους οὐκ ἂν ἐκβάλοι δάκρυ.

Il n'est point d'être humain au naturel assez dur pour ouïr tes sanglots et tes longues plaintes gémissantes sans répandre de larmes.

vers 1615-1624- Cf. Euripide, *Hécube* (334-341). Garnier laisse de côté l'évocation du rossignol, qui pourrait retarder l'élan pathétique:

> Ὦ θύγατερ, οὑμοὶ μὲν λόγοι πρὸς αἰθέρα
> φροῦδοι μάτην ῥιφθέντες ἀμφὶ σοῦ φόνου·
> σὺ δ', εἴ τι μείζω δύναμιν ἢ μήτηρ ἔχεις,
> σπούδαζε πάσας ὥστ' ἀηδόνος στόμα
> φθογγὰς ἱεῖσα, μὴ στερηθῆναι βίου.
> Πρόσπιπτε δ' οἰκτρῶς τοῦδ' Ὀδυσσέως γόνυ
> καὶ πεῖθ'-ἔχεις δὲ πρόφασιν· ἔστι γὰρ τέκνα
> καὶ τῷδε-τὴν σὴν ὥστ' ἐποικτῖραι τύχην.

Ma fille, mes paroles se sont évanouies dans l'air; en vain je les ai jetées pour empêcher ton meurtre. A toi, si tu as plus d'éloquence que ta mère, de déployer tes efforts. Comme le gosier du rossignol, prends tous les tons pour sauver ta vie. Tombe, pitoyable, aux genoux d'Ulysse, essaie de le fléchir (tu as une bonne raison: lui aussi il est père), pour qu'il ait pitié de ton infortune.

vers 1618- *Parler à lui, à moi, à toi, à nous*, etc. est une construction beaucoup plus fréquente au seizième siècle que *lui parler*, etc.

vers 1624- *que vous vivez*: subjonctif. Cette forme, qui est celle de l'ancien français, n'est pas exceptionnelle tout au long du seizième siècle.

vers 1625-1658- Imité de l'*Hécube* d'Euripide (342-378).- Polyxène manifeste la noblesse de son âme en préférant la mort à l'esclavage, et sa vertu en préférant la chasteté à la vie. Elle relève ainsi l'image des Troyens défaits. Dans cette tragédie, les vaincus suscitent plus de sympathie et d'admiration que les vainqueurs.

vers 1629- Cf. Euripide, *Hécube*, 345: Θάρσει·

vers 1639- *Qui suis*: moi qui suis.

vers 1642- Euripide, *Hécube*, 357: νῦν δ' εἰμὶ δούλη (Et maintenant je suis esclave).

vers 1653- *deussiez*: subjonctif imparfait à valeur d'irréel du présent (= vous devriez).

vers 1654- *doux sacrifice*, quoique paradoxal à première vue, est, compte tenu de l'argumentation de Polyxène, plus logique que *dur sacrifice*, que l'on trouvait dans les éditions précédentes.

vers 1659-1662- Chez Euripide, c'était le chœur qui exprimait cette idée. En la plaçant dans la bouche de Pyrrhe, Garnier la rend plus émouvante encore, puisqu'elle crée un contraste entre sa dureté et sa pitié. L'hommage qu'il rend à une princesse captive correspond au sentiment du spectateur.

vers 1676- Achille a été tué par Pâris, qui lui a lancé une flèche en le visant au talon, seul endroit où le héros était vulnérable.

vers 1677-1680- Achille est plus que jamais acteur caché du drame, et plus redoutable mort que vivant.

vers 1686- *lierre*: diérèse.

vers 1691-1703- Cette tirade est capitale, parce qu'elle permet de saisir le tragique et le pathétique de la situation, ainsi que la grandeur d'âme du personnage: Polyxène devient ainsi une figure emblématique de l'héroïne tragique.- Garnier y ajoute un *topos* courant dans la littérature grecque ancienne: l'être qui va mourir regrette de devoir quitter la lumière du soleil.

vers 1698-1700- Même geste et même idée chez Euripide (*Hécube*, 409-412):

> Ἀλλ', ὦ φίλη μοι μῆτερ, ἡδίστην χέρα
> δὸς καὶ παρειὰν προσβαλεῖν παρηίδι·
> ὡς οὔποτ' αὖθις, ἀλλὰ νῦν πανύστατον
> ἀκτῖνα κύκλον θ' ἡλίου προσόψομαι.

Donne-moi plutôt, mère chérie, ta main si douce, et ta joue à presser sur ma joue. Car plus jamais je ne verrai (c'est maintenant la dernière fois) les rayons et l'orbe du soleil.

vers 1710- *Qui...pensois*: «moi qui pensais».

vers 1711- *le triste bord*: le triste rivage de l'Achéron, fleuve des Enfers.

vers 1723- Le *fameux Hector* correspond au φαίδιμος Ἕκτωρ d'Homère.

vers 1725-1728- Ce passage est remarquable par sa musicalité: répétition de *allons*, sonorités récurrentes telles que [è], [ã], [sã]. C'est le chant de l'oiseau que l'on s'apprête à sauvagement égorger.

vers 1729-1744- Garnier développe les plaintes de l'*Hécube* d'Euripide (438-443).

vers 1739- *en dix ans*: c'est la durée du siège de Troie.

vers 1745-1804- Garnier renonce, pour ce chant qui clôt le troisième acte, à une répartition strophique des vers, mais il regroupe les vers par quatrains, du point de vue de la syntaxe. Il fait suivre un vers long à rime féminine (alexandrin) d'un vers bref à rime masculine (hexamètre), ce qui rappelle l'alternance adoptée par Horace dans le troisième poème de son premier livre d'*Odes*, où le poète, comme ici Garnier, condamnait la navigation (cf. Lebègue, éd. de *La Troade*, p. 261). Le poète latin, pour sa part, faisait alterner un vers bref (glyconique) et un vers plus long (asclépiade mineur). Garnier s'est également inspiré d'un chœur de la *Médée* de Sénèque (301-379). L'emploi de l'adjectif *hardie* aux deux premiers vers répond à l'*audax* qui commence le chant du poète tragique, et que l'on trouve aussi au vers 25 de l'ode d'Horace. Garnier, comme ses deux prédécesseurs, évoque les noms des vents et des constellations, avec parfois des substitutions qui témoignent de la liberté de son imitation. Parmi les sources possibles, on peut aussi mentionner un passage de l'*Histoire naturelle* de Pline l'Ancien (livre XIX, chapitre I):

> Audax uita, scelerum plena! aliquid seri, ut uentos procellasque capiat, et parum esse fluctibus solis uehi. iam uero nec uela satis esse maiora nauigiis, sed, quamuis amplitudini antemnarum singulae arbores sufficiant, super eas tamen addi uelorum alia uela, praeterque in proris et alia in puppibus pandi, ac tot modis prouocari mortem (...)

> Audace de l'homme, pleine de forfaits! on sème quelque chose qui reçoive les vents et les tempêtes; ce n'est pas assez d'être porté par les seules vagues, et déjà des voiles plus grandes que les vaisseaux ne suffisent plus; mais, bien qu'il faille des arbres entiers pour l'étendue des vergues, on ajoute pourtant au-dessus d'elles d'autres voiles secondaires, et d'autres encore se déploient à la proue et à la poupe, et on multiplie ainsi les provocations à la mort. (éd. et trad. J. André, p. 24)

Le souci principal de Garnier reste de relier la description au thème de la pièce: la mer est néfaste, parce qu'elle a porté le vaisseau de Pâris, a amené Hélène, qui fut fatale à Troie, et parce que les Grecs ont franchi à leur tour les eaux pour détruire la cité: le feu de l'amour et le feu de la guerre ont été désastreux pour le peuple troyen (vers 1797-1804). L. Wierenga (*op. cit.*, p. 51-54) note à propos de ce chœur que «ces vers empruntent leur force menaçante à l'accumulation d'une série d'images mythologiques qui se rapportent toutes à la force néfaste de l'eau (...) Ce chœur insiste sur le caractère perfide de l'eau: elle se venge d'être violée par l'homme, être terrestre.» A propos du vers 1790 (*Venus et les Jumeaux*), le même auteur (*op. cit.*, p. 52) écrit: «(...) les poètes ont identifié Hélène, sœur des Dioscures, et Vénus, déesse de l'amour. C'est pour la beauté et pour l'amour d'Hélène que la guerre de Troie a été entreprise, que tant de héros ont été tués, qu'une ville et un pays ont été détruits (...) C'est d'ailleurs de Vénus qu'Hélène tient son pouvoir: le jugement de Pâris.»

vers 1764- *abayer*: d'après Edmond Huguet, *Dictionnaire de la langue française du seizième siècle*, t. I, p. 7, Henri Estienne préférait *aboyer*. On notera qu'au vers 1732, Garnier a hésité entre les deux formes.

vers 1792- *flambans*: accord du participe présent: voir la note du vers 469.

vers 1793-96- *Le fils d'Eson* désigne Jason. Le passage fait allusion à l'expédition des Argonautes, partis conquérir la toison d'or.

ACTE IV

vers 1805-1948- Cet épisode suit le plan de la scène correspondante dans les *Troades* de Sénèque (1056-1117). Il est toutefois, à plusieurs reprises, fortement amplifié: Garnier allonge les lamentations, dont il accroît la force rhétorique, et il décrit avec complaisance l'état pitoyable du cadavre du petit Astyanax. Contrairement au tragique latin, qui réunissait dans la même scène le récit de la mort d'Astyanax et celui de la mort de Polyxène, le poète français préfère les séparer par un chœur et redoubler ainsi l'émotion, en ménageant la progression dramatique. Les contemporains retrouvaient dans ces évocations horribles et macabres les atrocités perpétrées par les deux partis dans les guerres religieuses.

vers 1805-1806- Sénèque emploie des termes semblables (1056): *O dura fata, saeua, miseranda, horrida!*

vers 1807-1812- Garnier se révèle ici plus prolixe que Sénèque (1057-1058):

> Quod tam ferum, tam triste bis quinis scelus
> Mars uidit annis?

> Mars a-t-il vu en ces dix ans un crime aussi féroce, aussi attristant?

vers 1808- *barbares*: épithète traditionnelle des Scythes (donnée par Maurice de La Porte).

vers 1813-1840- Tout ce passage est ajouté par Garnier. Il est destiné à faire monter l'émotion: questions angoissées, incertitude sur l'identité de la victime (s'agit-il de Polyxène ou d'Astyanax?), appel à la vengeance des dieux.

vers 1815- Heureuse correction dès la deuxième édition: Garnier remplace *Qu'a-ton veu* par *Qu'as-tu veu*: le messager se trouve ainsi plus étroitement associé à la scène et prend donc davantage de consistance et d'individualité. de la même façon, au vers suivant, Garnier, en introduisant, à partir de 1580, l'adjectif *chetif*, fait participer le personnage au malheur des captives.

vers 1817-1825- Les allitérations en [m] scandent les lamentations.- Plus que jamais, Hécube, reine de Troie, se sent atteinte par la douleur de chacun de ses concitoyens. Elle joue pleinement son rôle et reste le symbole du *malheur Troyen.*

vers 1822- *tu vas deplorant*: nouvel exemple de périphrase à valeur durative et progressive, utilisée pour décrire le déroulement interne de l'action, et qui intensifie donc le pathétique et le spectaculaire. On peut faire une remarque du même ordre à propos de *vient sur moy descendre*: le verbe de mouvement *venir* (ici grammaticalisé) conserve une part de sa force concrète d'origine et rend plus imagé le procès verbal et l'ἀγών qui se joue.

vers 1826- *pere*: il s'agit de Zeus (Jupiter), *le père des dieux et des hommes*, et surtout ici le père justicier (cf. les vers qui suivent).

vers 1828- *ces enragez*: de nouveau, les Grecs sont jugés par un regard troyen, et dépréciés, présentés comme des bêtes féroces.

vers 1837- Vers terrible par sa concision et sa densité, qui contraste avec la longueur des lamentations qui l'encadrent; la brièveté de Sénèque était encore plus saisissante (1063): *missus e muris puer.*

vers 1841-1851- Chez Sénèque, c'était Hécube, et non, comme ici, Andromaque, qui demandait au messager de dire l'horreur indicible (*Expone seriem caedis et duplex nefas/persequere*- 1065-1066) La reine justifiait ainsi sa demande (1066-1067): *gaudet magnus aerumnas dolor/tractare totas*. Garnier remplace le paradoxe sénéquien de l'indicible qu'il faut pourtant dire (*Expone...nefas*) par un autre paradoxe (1850), celui du destin que l'on assume jusqu'au bout malgré son horreur, avec courage et ironie: *Ce plaisant desplaisir de mon bon gré me ronge*.

vers 1851-1852- On retrouve ici le thème de la terre protectrice (personnifiée), mettant fin à tous les maux (cf. L. Wierenga, *op. cit.*).- *va...estoufant*: cf. note des vers 559-560.

vers 1853-1925- Garnier se révèle, tout au long de ce récit, très fidèle au texte de Sénèque (1068-1103).

vers 1855-1856- Ne pas prononcer le *c* de *Grecs*, afin de respecter la rime.

vers 1858- *Troye*: deux syllabes (prononcer le *e*).

vers 1859-1868- Rappel d'un épisode fameux de l'*Iliade* (chant II).

vers 1864- *Le petit fils d'Hector*: s'agissant d'Astyanax, il faut évidemment comprendre «le fils petit d'Hector», et non pas «le petit-fils»!

vers 1866- *Alloit fendant*: nouvel emploi de cette périphrase à valeur progressive et descriptive.

vers 1874- Beau vers, inventé par Garnier. D'une façon générale, tout en suivant Sénèque, le poète français embellit les descriptions et personnifie parfois, comme ici, les éléments du paysage. Ajoutons que l'évocation du bleu apporte l'indispensable couleur locale (celle de la mer, commune aux Grecs et aux Troyens et qui pourtant les sépare et les oppose)- La perspective qui se déploie au vers 1880 est, elle aussi, originale- Aux vers 1883-1884, la description de la forêt qui s'agite est plus concrète, plus précise, plus vivante que celle, plus sèche, du tragique latin: *tota populo silua suspenso tremuit*. Elle intègre l'élément humain à la nature.

vers 1889-1890- L'exclamation *forfait!* placée en incise transpose le *nefas* sénéquien. Mais Garnier insiste encore plus sur le sacrilège perpétré (cf. *inviolable et sainte*).

vers 1897-1898- *ondoyans* est accordé (cf. note du vers 469)- L'isotopie des flots se retrouve ici. La mer, élément essentiel de *La Troade*, joue un rôle symbolique, souvent néfaste (voir vers 1922).

vers 1899-1900 et vers 1910- La rédaction de 1585 met l'accent, de manière plus concrète, sur le regard de l'enfant: *Elançant la fureur: ainsi que furieux* est en effet corrigé en *Lançant de toutes parts un regard furieux*.- Dans le même ordre d'idées, et avec un effet semblable, *une brillante flame* remplace au vers 1910 *une jumelle flame*.

vers 1916- Dans la dernière édition, Garnier évite la répétition de *ses*.

vers 1939-1948- La description est ici encore plus macabre que celle de Sénèque (voir en particulier le vers 1941: *Sa teste par morceaux, la cervelle sortie*).- *on ne le cognoist point*: pour l'interprétation possible de ce détail, voir notre introduction.

vers 1944- *pour le tourner en pain* (correction de l'édition de 1585) est plus évocateur que les rédactions primitives (*pour en faire du pain*).

vers 1949-1982- Ce passage est de l'invention de Garnier. Celui-ci, toutefois, emprunte au vers 1136 des *Troyennes* d'Euripide l'idée du bouclier sur lequel on étend le corps de l'enfant.- Homère aussi avait fait une rapide allusion au brillant bouclier d'Hector (*Iliade*, XXII, 97: πύργῳ ἐπὶ προέχοντι φαεινὴν ἀσπίδ' ἐρείσας).

vers 1950-1954- Ce reproche adressé aux dieux ne figure pas chez Sénèque.

vers 1952- *que c'estoit d'endurer*: «ce que c'était que d'endurer».

vers 1955- Garnier renonce, dans la dernière édition, à une répétition superflue.

vers 1961-1971- Andromaque mêle des sentiments chrétiens (prière à un saint martyr pour qu'il intercède) à une idée païenne (le corps du mort ne doit pas être abandonné aux bêtes, les funérailles sont indispensables pour que l'âme du défunt puisse trouver le repos).

vers 1963- *supplie*: prononcer le *e* final- *noire Atropos*: le caractérisant *noire* appliqué aux Parques figure dans la liste de Maurice de La Porte.

vers 1967- *aye*: prononcer le *e* final.

vers 1972-1973- En 1585, Garnier remplace la forme archaïque *boucler* par *bouclier*.

vers 1973-1982- L'opposition tragique entre le *jadis* et le *maintenant* est développée dans ce passage, mais de manière plus concise que dans les précédentes tragédies de Garnier. On peut ainsi mesurer l'évolution de la technique de l'auteur vers la concentration dramatique.

vers 1983-2036- Ce passage lyrique comporte neuf strophes de six octosyllabes, bâties sur le schéma suivant: AABCCB, la rime B étant féminine. Le chœur est imité, à l'exclusion de la dernière strophe, de celui que Sénèque consacre au même thème dans les vers 1009-1041 des *Troades* (nous faisons figurer en italique les emprunts littéraux les plus frappants):

> *Dulce* maerenti populus *dolentum*,
> *dulce lamentis* resonare gentes;
> lenius luctus lacrimaeque *mordent*,
> turba quas fletu similis frequentat.
> *Semper, a semper* dolor est malignus:
> gaudet in multos sua fata mitti
> seque non solum placuisse poenae.
> Ferre quam sortem patiuntur omnes

nemo recusat.
Tolle felices: miserum, licet sit,
nemo se credet: remouete multo
diuites auro, remouete centum
rura qui scindunt opulenta bubus:
pauperi surgent animi iacentes,
est miser nemo nisi comparatus.(...)
ille deplorat *queriturque fatum,*
qui secans fluctum *rate singulari*
nudus in portus *cecidit* petitos;
aequior casum tulit et procellas
mille qui ponto pariter carinas
† obrui uidit tabulaque latus
naufraga, terris mare dum coactis
fluctibus Corus prohibet, reuertit.
Questus est Hellem cecidisse Phrixus,
cum gregis ductor radiante uillo
aureo fratrem *simul ac sororem*
sustulit tergo medioque iactum
fecit in ponto; *tenuit querelas*
et uir et Pyrrha, mare cum *uiderent*
et nihil praeter mare cum uiderent,
unici terris homines relicti.

vers 2019-2024- Phrixos et sa sœur Hellé devaient être offerts en sacrifice à Zeus, qui leur envoya un bélier ailé à toison d'or. Hellé tomba dans la mer et périt noyée, mais Phrixos arriva en Colchide. Le roi de ce pays, Aeétès, donna sa fille en mariage à Phrixos, qui sacrifia à Zeus le bélier, puis en offrit la toison à son beau-père. Ce dernier la consacra au dieu de la guerre, Arès, et la cloua à un chêne situé dans un bois consacré à cette divinité. Plus tard, Jason et les Argonautes partirent s'emparer de cette toison.

vers 2025-2030- Pyrrha, fille d'Epiméthée et de Pandore, était la femme de Deucalion. Les deux époux échappèrent au déluge.

vers 2026- Accord en nombre du participe présent.

vers 2028- *Leur amis ne pleurerent pas:* «Ils ne pleurèrent pas leurs amis».

vers 2037-2060- Préambule tiré de l'*Hécube* d'Euripide (484-510).

vers 2037-2040- Le problème de la Providence est posé par Euripide dans des termes assez proches (488-491). Chez Garnier, Talthybie formule trois hypothèses à ce sujet, sans y répondre: les événements sont menés soit par la divinité, soit par le sort, soit par les lois naturelles.- Au vers 2037, *affaire* est masculin, ce qui est d'usage courant au seizième siècle.- Aux vers 2039 et 2040, Garnier emploie *ou si* pour introduire le deuxième terme d'une alternative dans une interrogation. C'est une survivance de l'ancienne langue.

vers 2041-2053- On trouvait chez Euripide la même opposition entre la gloire passée de la reine et son état lamentable actuel (*Hécube*, 492-500):

Οὐχ ἥδ' ἄνασσα τῶν πολυχρύσων Φρυγῶν,
οὐχ ἥδε Πριάμου τοῦ μέγ' ὀλβίου δάμαρ;
Καὶ νῦν πόλις μὲν πᾶσ' ἀνέστηκεν δορί,
αὐτὴ δὲ δούλη γραῦς ἄπαις ἐπὶ χθονί
κεῖται, κόνει φύρουσα δύστηνον κάρα.
Φεῦ φεῦ· γέρων μέν εἰμ', ὅμως δέ μοι θανεῖν
εἴη πρὶν αἰσχρᾷ περιπεσεῖν τύχῃ τινί.
'Ανίστασ', ὦ δύστηνε, καὶ μετάρσιον
πλευρὰν ἔπαιρε καὶ τὸ πάλλευκον κάρα.

Ne vois-je pas ici la reine de Phrygie, pays de l'or, l'épouse de Priam si puissamment prospère? Aujourd'hui sa cité tout entière est dévastée par les armes; elle-même, esclave, vieille, sans enfants, elle gît à terre, sa tête infortunée souillée par la poussière. Hélas! je suis bien vieux, mais puissé-je mourir avant de tomber dans un sort ignominieux! Debout, pauvre femme! Soulève, redresse ton flanc et ta tête chenue.

Au vers 2041, Garnier privilégie, à partir de la deuxième édition, l'idée de succession en remplaçant *accablee en malheurs* par *apres tant* de *malheurs.* Cela lui permet en même temps d'éliminer un hiatus désagréable. Au vers suivant, la modification aboutit à introduire les adjectifs *nouveau* et *nouvelles*, ce qui, une fois encore, renforce le sentiment d'une source inépuisable de calamités.

vers 2043- *orgueilleuse* convient mieux à la perspective tragique que *sourcilleuse*, que l'on trouvait dans les trois premières éditions.

vers 2057-2060- Euripide, *Hécube*, 508-510:

Σὴν παῖδα κατθανοῦσαν ὡς θάψῃς, γύναι,
ἥκω μεταστείχων σε· πέμπουσιν δέ με
δισσοί τ' 'Ατρεῖδαι καὶ λεὼς 'Αχαιικός.

> Ta fille est morte, et c'est pour l'ensevelir, femme, que je viens te chercher. Je suis envoyé par les deux Atrides et par l'armée achéenne.

vers 2061-2067- Passage propre à Garnier.

vers 2066- *mourant*: «en mourant»- *soy*: emploi du réfléchi de forme prédicative pour renvoyer à un sujet désignant un individu particulier. En français moderne, il renvoie à un sujet général, indéterminé.

vers 2067-2070- Même idée chez Euripide (*Hécube*, 518-520):

> Διπλᾶ με χρῄζεις δάκρυα κερδᾶναι, γύναι,
> σῆς παιδὸς οἴκτῳ· νῦν τε γὰρ λέγων κακὰ
> τέγξω τόδ' ὄμμα, πρὸς τάφῳ θ' ὅτ' ὤλλυτο.

> Je ne gagnerai à ton désir, femme, que de verser sur ton enfant doubles larmes de pitié: au récit de ses malheurs, mon œil se mouillera maintenant, comme auprès de la tombe au moment de sa mort.

Voir aussi Virgile, Enéide, II, 3: *Infandum, regina, jubes, renovare dolorem.*

vers 2070- *soulez* est un subjonctif présent.

vers 2071-2162- Le récit de la mort de Polyxène mêle les deux sources antiques (les *Troades* de Sénèque et l'*Hécube* d'Euripide). Chez Sénèque, il suivait immédiatement celui de la mort d'Astyanax. Le sacrifice de Polyxène a été aussi évoqué par Ovide (*Métamorphoses*, XIII, 439-80) et très allusivement par Ronsard dans les *Amours* de 1553 (sonnet 79, vers 2).

vers 2071-2110- Cf. Sénèque, 1121-1148.

vers 2074- Garnier, par cette comparaison, théâtralise son récit. Le procédé est tiré de Sénèque, qui emploie lui aussi *theatrum* (1125).

vers 2077- *alloyent disant*: voir la note des vers 559-560. Le tour apparaît plus loin à plusieurs reprises dans le récit: vers 2089, 2090, 2101, 2102, 2105, 2150.- On notera aussi l'importance et la fréquence du verbe *voir*: à l'actif aux vers 2081, 2099, 2103, et au passif, aux vers 2136, 2143, 2157.

vers 2081- Sénèque, 1129: *odit scelus spectatque*: Garnier reprend l'idée, mais renonce au paradoxe.

vers 2081-2082- Sénèque, 1132: *cum subito thalami more praecedunt faces.*

vers 2087-2090- Sénèque restait plus abstrait que Garnier dans la peinture de la crainte: *Terror attonitos tenet/utrosque populus.* La force du texte latin provenait surtout des allitérations et des assonances. Garnier emploie un mot à connotation religieuse (*horreur*), insiste sur la crainte des assistants, sur la cruauté du sacrifice et use de mots concrets pour dépeindre des réactions physiques (*moüelles, pallist, va battant, froide sueur, va montant*). Les deux périphrases verbales à valeur aspectuelle progressive (*aller + forme en -ant*) donnent l'impression d'un événement vécu.

vers 2095-2098- Cf. Virgile, *Enéide*, I, 405: *Et vera incessu patuit dea.*

vers 2099-2102- Sénèque use d'une comparaison analogue (1140-1142).

vers 2103-2106- Cf. Sénèque, 1144-1148:

> (...) Hos mouet formae decus,
> hos mollis aetas, hos uagae rerum uices;
> mouet animus omnes fortis et leto obuius.
> Pyrrhum antecedit; omnium mentes tremunt;
> mirantur ac miserantur.

> Les uns sont émus par la noblesse de son corps, les autres par sa jeunesse, d'autres par l'inconstance de la fortune, mais tous le sont par sa force d'âme qui va au devant du trépas; elle précède Pyrrhus; tous les cœurs tremblent pénétrés d'admiration et de commisération.

vers 2112-2122- Passage tiré des vers 534-542 de l'*Hécube* d'Euripide.

vers 2129-2156- Garnier suit ici le récit d'Euripide (*Hécube*, 543-570). Exemple de scène pathétique insérée dans le récit (on pourrait presque parler de théâtre dans le théâtre).

vers 2130- Euripide (543-544):

> Εἶτ' ἀμφίχρυσον φάσγανον κώπης λαβὼν

ἐξεῖλκε κολεοῦ

Ensuite, prenant par la poignée le glaive garni d'or, il le tira du fourreau.

vers 2133-2137- Cf. Euripide, *Hécube*, 548-552:

ἑκοῦσα θνῄσκω· μή τις ἅψηται χροὸς
τοὐμοῦ· παρέξω γὰρ δέρην εὐκαρδίως.
Ἐλευθέραν δέ μ', ὡς ἐλευθέρα θάνω,
πρὸς θεῶν, μεθέντες κτείνατ'· ἐν νεκροῖσι γὰρ
δούλη κεκλῆσθαι βασιλὶς οὖσ' αἰσχύνομαι.

C'est de plein gré que je meurs. Que nul ne touche mon corps! je tendrai la gorge d'un cœur vaillant. Laissez-moi libre, par les dieux! que je meure libre sous vos coups! Etre appelée esclave chez les morts, moi, princesse, j'en rougirais.

vers 2137- *Qui suis*: «moi qui suis».
vers 2141-2148- Cf. Euripide (557-565).

Κἀπεὶ τόδ' εἰσήκουσε δεσποτῶν ἔπος,
λαβοῦσα πέπλους ἐξ ἄκρας ἐπωμίδος
ἔρρηξε λαγόνος ἐς μέσον παρ' ὀμφαλόν,
μαστούς τ' ἔδειξε στέρνα θ' ὡς ἀγάλματος
κάλλιστα, καὶ καθεῖσα πρὸς γαῖαν γόνυ
ἔλεξε πάντων τλημονέστατον λόγον·
Ἰδού, τόδ' εἰ μὲν στέρνον, ὦ νεανία,
παίειν προθυμῇ, παῖσον, εἰ δ' ὑπ' αὐχένα
χρῄζεις, πάρεστι λαιμὸς εὐτρεπὴς ὅδε.

Quand elle eut entendu la parole du maître, elle saisit ses voiles, et du haut de l'épaule les déchira jusqu'au milieu du flanc près du nombril, découvrant ses seins et son admirable poitrine de statue. Puis, mettant un genou en terre, elle dit ces mots d'une incomparable bravoure: «Voici ma poitrine, jeune homme; si c'est là que tu veux frapper, frappe; si c'est au cou, voici ma gorge prête.»

vers 2144-45- On notera, une nouvelle fois, l'emploi de diminutifs pathétiques.
vers 2146- *ceste poitrine ici*: cette poitrine-ci.
vers 2150- *va baignant*: nouvel emploi de cette périphrase descriptive au sein d'un passage pathétique.

vers 2159-2160- Chacun revient comme d'un spectacle vécu en direct. A la représentation théâtrale se superpose un second niveau dramatique: nouvel exemple de théâtralisation du récit, de théâtre dans le théâtre.

vers 2161-2162- *ruissela* (quatrième édition) est plus concret et plus imagé que *coula* (éditions antérieures).- Le sang de Polyxène est absorbé par les entrailles de la terre et le fantôme d'Achille s'en abreuve, ce qui était le but du sacrifice. Cf. Sénèque, *Troades*, 1162-1164:

> (...) Non stetit fusus cruor
> humoue summa fluxit: obduxit statim
> saeuusque totum sanguinem tumulus bibit.

> Le sang répandu ne demeura pas sur place et ne s'écoula pas à la surface de la terre: aussitôt le cruel tombeau absorba tout ce sang et le but.

vers 2163-2212 et vers 2215-2232- Tirades emphatiques de style sénéquien. Les vers 1165-1177 des *Troades* ont d'ailleurs fourni la matière des seize premiers vers (2163-2178).

vers 2163- *Danois*: Danaens, c'est-à-dire Grecs. Cf. Sénèque: *Ite, ite, Danai*.

vers 2171-2172- La Parque est couramment dénommée *cruelle* (*Epithètes* de Maurice de La Porte), mais Garnier renouvelle cette caractérisation conventionnelle en faisant ajouter à la reine qu'elle est cruelle aux innocents, à ceux qu'elle tue avant l'heure. Hécube réitère ses accusations à l'égard de la divinité et le tragique s'en trouve renforcé.

vers 2177-2178- *vas espargnant/vas craignant*: cf. note des vers 559-560.

vers 2179 sq.- La reine déchue insiste sur la déloyauté des Grecs, thème primordial dans la pièce.- Les imprécations d'Hécube, qui font songer à celles de Didon au livre IV de l'*Enéide*, sont comme une prémonition des malheurs d'Ulysse, des meurtres qui ensanglanteront la famille d'Agamemnon et peut-être aussi des guerres médiques, l'ensemble de ces maux représentant, aux yeux de la reine, un juste retour de la Fortune, une *Iliade* à rebours (l'expression *des maux une Iliade*, qui figure au vers 2212, provient du grec 'Ιλιὰς κακῶν).

vers 2180- *Stygiales*: diérèse.

vers 2189- *voguant*: «en voguant» (se rapporte aux Grecs, et non à *Neptun*, sujet du verbe de la proposition).

vers 2212-2213 et vers 2235-2240- Garnier manifeste son habileté dramatique en faisant se succéder les malheurs selon une gradation étudiée et en donnant l'impression d'une surenchère. De là vient pour une grande part la force tragique de la pièce.

vers 2212- *vous souffriez*: *-iez* forme une seule syllabe (synérèse), alors que dans *Iliade*, [i] et [a] appartiennent à deux syllabes différentes (diérèse).

vers 2216- Pononcer le *e* final de *joye*.

vers 2225-2226- Hécube oppose les justes lois de Jupiter aux comportements fautifs des hommes.- *visiter/Jupiter*: prononcer le *r* final.

vers 2243-2270- Ce récit ne figure pas dans *Hécube*. Garnier multiplie les descriptions pathétiques et souligne la cruauté du sort. L'invention se plie ici aux exigences du genre tragique.

vers 2255- *insatiable*: diérèse.

vers 2268- Garnier redonne à *desastres* son sens étymologique (cf. la rime: *astres*).

vers 2269-2270- Le cadavre de Polydore est apporté sur scène, sans doute à côté de celui de sa sœur. On reconnaît là le goût du macabre et du visuel, caractéristique du théâtre de Garnier, et que nous n'hésitons pas à considérer comme pré-shakespearien.

vers 2271-2298- Toute cette fin de scène ne doit presque rien à l'*Hécube* d'Euripide. Garnier a développé les quelques brèves données fournies par son modèle grec.

vers 2286-2290- On notera la répétition, en début de vers, de la même structure grammaticale (*Je* suivi du présent du subjonctif). Hécube exprime ainsi sa rage et son violent désir de vengeance.

vers 2299-2382- Chœur original, dont on chercherait en vain le modèle dans les tragédies qui ont inspiré Garnier dans le reste de *La Troade*. Il est constitué de quatorze strophes de six vers, où alternent les heptasyllabes (premier, troisième, quatrième et sixième vers de chaque strophe) et les trisyllabes (deuxième et cinquième vers). Le schéma des rimes est le suivant: AABCCB, seule la rime B étant féminine. Se succèdent des lieux communs traditionnels dans la poésie antique et dans celle de la Renaissance: la fidélité n'est pas de ce monde, jamais elle n'a été aussi rare qu'aujourd'hui, les animaux sont en cela supérieurs aux hommes, les rois ne peuvent plus compter sur leurs amis dans l'infortune. Ce thème est évidemment en relation directe avec la situation des Troyens: ils ont été trompés par la ruse des Grecs, et Polymestor s'est conduit lui aussi comme un traître à l'égard d'Hécube. R. Lebègue note avec raison (voir son édition de *La Troade*, p. 264) que ce chœur est bâti sur le rythme du *Bel aubépin* de Ronsard et il indique quelques réminiscences littéraires possibles: pour le retour d'Astrée au ciel, *Porcie*, v. 777 sq., Ronsard, *Hymne* de *la Justice*, pour les thèmes des hommes pires que les animaux et des crimes déchirant les familles, les *Métamorphoses d'Ovide*, I, v. 144-150, Sénèque, *Thyestes*, v. 40, *Hippolytus*, (c'est-à-dire *Phaedra*), v. 555.

vers 2358- *Nul...te saluë*: «nul ne te salue»: *nul* est ici négatif à lui seul; il s'agit d'un latinisme (*nullus venit*).

ACTE V

vers 2383-2616- Garnier emprunte la matière et le mouvement de la plus grande partie de son dernier acte à l'*Hécube* d'Euripide (953-1295).

vers 2383-2398- Cf. *Hécube* (953 sq.): le texte grec fournissait à Garnier un vocabulaire pathétique et visuel qui lui était familier:

> Ὦ φίλτατ' ἀνδρῶν Πρίαμε, φιλτάτη δὲ σύ,
> Ἑκάβη, δακρύω σ' εἰσορῶν πόλιν τε σήν
> τήν τ' ἀρτίως θανοῦσαν ἔκγονον σέθεν.
> Φεῦ·
> οὐκ ἔστι πιστὸν οὐδέν, οὔτ' εὐδοξία
> οὔτ' αὖ καλῶς πράσσοντα μὴ πράξειν κακῶς.

O Priam, le plus cher des hommes, et toi, chère entre toutes, Hécube, je pleure en vous voyant, toi, ta cité, et la fille que tu viens de perdre. Las! il n'est rien de sûr; la gloire ne l'est pas, et le bonheur présent ne nous garantit point contre les maux futurs.

vers 2386- *cet esclandre ici*: «cet esclandre-ci».

vers 2387- En remplaçant *en ce poinct* par *en ses murs*, Garnier opte, selon son habitude, pour une expression concrète, plus visuelle et qui parle davantage à l'imagination du spectateur.

vers 2391-2394- Garnier place au début du dernier acte, celui de la catastrophe, une sentence traditionnelle sur les revers de la Fortune. Il procédera de la même façon au début du cinquième acte d'*Antigone*. Mais, dans cette dernière pièce, ce sera un messager extérieur à l'action qui prononcera cette vérité générale, alors qu'ici c'est Polymestor qui l'exprime, sans savoir (ironie tragique inconsciente) qu'il va en faire lui-même dans peu de temps l'expérience.

vers 2395-2398- Euripide faisait dire de même à Polymestor (960-961):

> Ἀλλὰ ταῦτα μὲν τί δεῖ
> θρηνεῖν, προκόπτοντ' οὐδὲν ἐς πρόσθεν κακῶν;

Mais à quoi bon ces plaintes, puisqu'on n'avance point le terme des malheurs?

Par goût de la sentence et de la méditation, Garnier développe l'idée sur plusieurs vers; il renforce du même coup le tragique.

vers 2397-2398- *les royaumes perdus/Ne sont pour lamenter par Jupiter rendus*: «ce n'est pas parce que l'on se lamente que Jupiter relève les royaumes».

vers 2399- Même idée chez Euripide (968-969).- *en ces malheurs reduite*: se rapporte à *Je* (Hécube).

vers 2400- *Que*: moi que.

vers 2404-2438- Dialogue très vif: l'imitation d'Euripide (*Hécube*, 976-1022) se révèle ici fructueuse sur le plan dramatique.

vers 2411- Conformément à son habitude, Garnier nous livre indirectement, par les paroles des personnages, des indications scéniques. Nous apprenons ici que Polymestor était entré entouré de sa garde personnelle.

vers 2422- *que*: «ce que».

vers 2427- *ayent*: il est indispensable, pour des raisons métriques, de prononcer le *e*.

vers 2435- *dessous* et *dedans* sont employés aussi bien comme prépositions que comme adverbes à l'époque de Garnier.

vers 2439-2460- Amplification des vers 1024-1033 de l'*Hécube* d'Euripide, prononcés aussi par le chœur; Garnier a ajouté le jeu de mots sur Pluton/Ploutos, dieu des richesses: la tension dramatique qui monte se trouve ainsi accrue par l'ironie.

vers 2444- *meurtrier*: deux syllabes: prononcer *-ier* avec synérèse; en revanche, *fiance* présente une diérèse.

vers 2448- Les corrections successives apportées par Garnier sont révélatrices du soin qu'il accordait au détail de l'expression: *salle* devient *lâche*, puis *caute*. C'est en fin de compte l'idée de perfidie et de manquement à la parole donnée qui finit par s'imposer, thème essentiel de la pièce; ainsi se trouve justifiée la vengeance des Troyennes sur Polymestor.

vers 2449-2454- Le chœur exprime ici sa confiance en la justice des dieux, qui semblait avoir été remise en question à plusieurs reprises dans les scènes précédentes. Ces vers se rapprochent de la conception biblique de la Providence, que Garnier mettra en scène quatre ans plus tard dans les *Juives*.

vers 2458- *soy*: voir note du vers 2066.

vers 2461- *Iò*: cri de joie, emprunté au grec, et utilisé par Ronsard dans son *Ode à la Fontaine Bellerie*.

vers 2466-2486- Les appels à la vengeance divine ne figurent pas chez Euripide et ce dernier comparait les Troyennes à des bacchantes en proie au délire, mais non à des furies. Le style général de cette tirade rappelle souvent la rhétorique sénéquienne.

vers 2474- *Attises* est moins abstrait que *excites* (première édition).

vers 2475- *qui suis*: «moi qui suis».

vers 2487- Euripide (*Hécube*, 1085):

Ὦ τλῆμον, ὥς σοι δύσφορ' εἴργασται κακά·

Infortuné, quel cruel traitement as-tu donc essuyé!

vers 2491-2494- L'idée d'un juste châtiment, d'origine divine, figure dans les vers 1086-1087 de l'*Hécube* d'Euripide.

vers 2499- Apollon n'était pas seulement un dieu capable de tuer, il pouvait aussi guérir: ici le dieu guérisseur, qui est également celui de la lumière, est à ce double titre imploré par Polymestor devenu aveugle.

vers 2500- *Où iray-je qu'à toy?* «Où irai-je, si ce n'est vers toi?».

vers 2505-2610- Voir *Hécube*, vers 1109-1182- Chez Euripide, le récit de Polymestor se terminait par une violente diatribe contre l'*engeance* (γένος) féminine; Garnier supprime ces paroles anti-féministes. Il écarte également un long passage, qui comportait trois discussions, la première entre Agamemnon et Hécube, la deuxième entre Hécube et Polymestor, la troisième entre ce dernier et Agamemnon. La concentration dramatique y gagne.

vers 2512- *en allarme allumee*: noter les allitérations (*l*, *m*) et l'assonance (*a*).

vers 2517- Ce vers indique que les cadavres des enfants de Polymestor sont étendus sur la scène (à côté de celui de Polydore et, peut-être, de celui de Polyxène). Garnier manifeste à la fois son sens de la mise en scène et son goût pour les spectacles funèbres.

vers 2531-2534- Ces vers violents donnent à la scène une dimension presque shakespearienne avant la lettre.

vers 2543 et 2547-2548- *ruine*, *Thracienne, Argienne*: respecter les diérèses.

vers 2558- Garnier corrige, en 1580, *ses murs* en *ces murs*: le démonstratif déictique correspond à un geste théâtral: nouvelle preuve de l'attention que le dramaturge porte au jeu des acteurs.

vers 2563-2564- Cette comparaison rappelle celle qu'Ulysse développait aux vers 783-786: Polymestor a bien appris sa leçon et préparé sa justification.

vers 2573- *vont environnant*: voir la note des vers 559-560.

vers 2598- Prononcer le *e* de *playes*.

vers 2608- *Que des Grecs m'ont ourdy les rancœurs et les haines*: «(mes peines) causées par les rancœurs et les haines que les Troyens ressentent à l'égard des Grecs».

vers 2611-16- Chez Euripide, Agamemnon émettait un jugement assez proche (1243-51). Toutefois, Garnier ajoute l'idée contenue dans le vers 2614.

vers 2617-2666- Ces deux tirades sont, semble-t-il, de l'invention de Garnier. Le désespoir de Polymestor est d'autant plus poignant qu'il reste d'une grande sobriété. Le poète a donné le dernier mot à la reine, de même qu'il lui avait accordé le soin d'ouvrir le drame. Restée probablement seule en scène, elle récapitule ici la somme de ses malheurs, souligne une fois de plus le contraste tragique entre sa grandeur passée et son malheur présent, dresse un tableau émouvant des ravages et des meurtres de la guerre, interroge les dieux sur leur justice. Tous les thèmes de la pièce se trouvent ainsi réunis dans cet ample mouvement rhétorique.

vers 2618- *ces Troades*: ces Troyennes.

vers 2620- *Qui voyez*: «vous qui voyez».

vers 2639- *tant soit elle envieillie*: «bien qu'elle soit fort ancienne».

vers 2646-2652- Ces plaintes ne sont pas sans rappeler celles de Priam déplorant la mort de ses fils au chant XXIV de l'*Iliade* (vers 493-498).

vers 2651-2652- *Feconde en tristes funerailles*: oxymore qui fait ironiquement ressortir le paradoxe tragique de la situation de cette reine et de cette mère. Ce vers établit un contraste avec la fécondité d'Hécube évoquée dans le vers suivant, ainsi que plus haut, au vers 2646. Le parallélisme est soutenu par l'allitération en [f] (*feconde*, *funerailles*, *fils*) en tête de mot, à laquelle fait encore écho la fricative labio-dentale [v], d'articulation voisine (*valeureux*).

vers 2661-62- M.-M. Mouflard (*Robert Garnier*, III, p. 290-91) rapproche ces deux vers de la *Remonstrance au peuple de France* de Ronsard:

> Et toutefois, Seigneur, tu le vois et l'endures! (16)

vers 2663-2666- On peut imaginer l'actrice s'avançant vers le public pour tirer la leçon du drame: ce n'est plus seulement Hécube qui songe à poursuivre sa vengeance, c'est Garnier qui s'adresse à tous ceux que la cruauté et la perfidie tenteraient en cette période troublée des guerres civiles. Plus qu'un avertissement aux Achéens, il pourrait plutôt s'agir d'une nouvelle et sévère *remonstrance au peuple de France.* Sur ce point aussi Robert Garnier se révèle le disciple de Pierre de Ronsard.

vers 2666- Le vers qui clôt la pièce se signale par ses allitérations (labiales) et ses assonances ([õ] et [o]).

ANNEXES

INDEX

BIBLIOGRAPHIE

INDEX VERBORUM

Les astérisques que nous avons placés dans le texte de Garnier renvoient à ce glossaire. Les chiffres correspondent aux numéros des vers. Nous n'indiquons pas systématiquement, pour chaque terme, toutes les occurrences possibles.

abayer: aboyer, 1764 *et variante du vers* 1732.

abois: aboiements, 1318.

abominable: qui doit être écarté ou détesté comme un mauvais présage, maudit, 1175.

abominer: repousser avec haine un mauvais présage ou un oracle cruel, 2159.

absent, -e: éloigné, -e, 1205.

abysme: profondeur, gouffre *de l'Enfer*, 789, 1296; gouffre *de maux*, 2492.

abysmer: faire naufrage, 2193; enfoncer profondément; *abysmer en malheurs*: jeter au plus profond de la détresse, jeter dans un abîme de malheurs, 1588.

accident: malheur, 150.

accoler: prendre par le cou, embrasser, 510.

accomparé: comparé, 2002.

accompli, -ie: totalement satisfait, -e, bien pourvu, -ue, 1586; *voir tres-accompli*.

accourcir: abréger, 2483.

accravanter: écraser, 880; faire tomber, détruire, 1230.

acharné: en proie à la rage de tuer, assoiffé de sang, sanguinaire, 2276.

acharner: acharner le courage: rendre le cœur avide de massacre et assoiffé de sang, 1428; *aller s'acharnant sur quelqu'un*: se jeter sur quelqu'un avec férocité, 2286.

acheminé, -ee: *en parlant d'une route maritime,* frayée par les navires, 1801.

adjurer: prendre (les dieux) à témoin, 1920; *adjurer la mort*: l'appeler, la réclamer, 894.

adventure: événement fortuit, hasard; *de cas d'adventure:* par hasard, *Argument.*

affecter: rechercher, 116.

affectionné: *estre affectionné à:* être amoureux de, *Argument.*

affoler: blesser, torturer, tourmenter violemment, 73.

affranchir: libérer, délivrer, 1743.

âge: vie, 605, 1713.

aigrir: rendre plus douloureux, 2603.

ains: mais (*après proposition négative*), 271, 468, 625, 1333, 1781, 2615; ou plutôt, ou pour mieux dire (*après proposition positive ou terme positif, pour introduire une rectification*), 1600, 1707, 2609.

allarme: appel aux armes, mobilisation, 806; alerte, 2512.

allentir (s'): s'atténuer, se dissiper, 828.

alme: nourricier, bienfaisant, 2299, 2639.

amitié: amour, 858.

amortir: anéantir, éteindre, 783, 1219; atténuer *ou* faire disparaître, 718; terminer, achever, faire cesser, 2062.

angoisse: douleur qui étreint la gorge, 199; douleur intolérable, 842, 2487.

angoisseux: douloureux, *au point de faire suffoquer*, 444.

animer: encourager, 195.

animeux: courageux, 1099; belliqueux, 2241.

antique: ancien, 1980.

appercevoir (s'): *accompagné d'un adjectif: s'appercevoir miserable*: s'apercevoir, prendre conscience que l'on est malheureux, 1995.

apprentif, -ive: inexpérimenté *ou* qui éprouve pour la première fois, 156.

ardant: brûlant, 34, 2082; impatient, 843.

ardent: brûlant, 31.

ardeur: chaleur, 2500; brûlure, passion amoureuse, 1803.

ardre: brûler, 26, 38, 242, 2250.

arene: sable, 417, 1173, 2207.

argument: prétexte, raison, motif, 2237.

arrenger: mettre en rang, aligner, disposer, *notamment une armée*, décider de la stratégie militaire, de la position des bataillons, 1862; *en parlant d'une foule: arrengez par troupes*: rassemblés par groupes, regroupés, amassés, 2355.

arrester: décider, 845; s'arrêter, rester, demeurer, persister, 2365.

aspreur: douleur très vive, excessive, 349.

assaut: assaille, 279, 1020.

asseuré (de): à l'abri (de), 265, 2329; sûr, durable, 2391.

asseurer: protéger, mettre à l'abri, 708; rassurer, 872; raffermir, 1241; *s'asseurer*: veiller à sa sécurité *ou* être en sûreté, ne courir aucun risque, 2410.

assiegement: action d'assiéger, 1407.

assommer: endormir, adoucir, assoupir, 647.

atterré: accablé, 1999.

attester: prendre les dieux à témoin, 49, 50, 54, 896, 1419.

attrainer: tirer, traîner, 923; traîner violemment, de force, 1535.

attrempance: modération, douceur, patience, 1399.

aucunes: *pronom indéfini*, certaines, 2575, 2587.

avalé, -ee: descendu, -e; *en parlant d'une robe:* défaite, 169.

avanture: malheur imprévisible, risque inconnu, 2188; *à toute avanture:* à tout hasard, 713; *à l'avanture:* au hasard, 2040.

avare: avide, 250; cupide, animé par un désir immodéré de s'enrichir, 2228.

avarice: avidité, 1781; cupidité, 2448

aviser (s'): s'apercevoir, 1278.

bagner: baigner, 1849.

bande: armée; troupeau, 778; groupe, 1268, 2083; *aller d'une bande:* se déplacer en formant un seul groupe, 2251.

bas: *bas age:* jeune âge, 2104.

bataille: division de l'armée, bataillon, groupe de combattants, 1862.

belliqueur: guerrier, 767, 1592.

benin: bienveillant, favorable, 908.

besoin: nécessité, danger, épreuves, 2414.

bien-heurer (se): se réjouir, s'estimer bienheureux, 1356.

blandissant: caressant, flatteur, hypocrite, trompeur, 2566.

bluetter: faire étinceler, 2502.

bonde: ouverture permettant à l'eau de s'écouler, 2151.

borner: mettre fin à, mettre un terme à, 263.

boucler: bouclier, 1971, 1972, 1975.

bourreler: maltraiter *comme un bourreau* (*ou* faire maltraiter), 861, 2596.

bourrelle: *féminin de bourreau*, 1807, 2525.

brandon: torche, 1802, 2176.

brave: habile, savant, 2055; noble, 2642; *au sens moderne:* courageux, 1446, 1913; remarquable et digne d'un homme courageux, 1386, 1858; *à la fois* noble, courageux et empreint d'une physionomie fière, 1913.

brigander: dérober, voler, 2634.

broncher: tomber, trébucher, 2481.

bûcher: abattre *du bois*, couper *un arbre*, 1181.

bustuaire: qui veille aux bûchers et aux tombes, 1921.

butiner: recueillir du butin, *Argument*, 2293.

canton: division du peuple, tribu, 2124.

capable: qui contient beaucoup, suffisant (*en parlant de vaisseaux*, 45).

cognoistre: reconnaître, 1948.

coi: tranquille, 1317.

col: cou, 620, 2577.

coleré: en colère, 1907.

comblé: rempli, 1469.

commune: cité, communauté, collectivité, 1988.

compassé: organisé, construit, ordonné, déterminé, 2039.

composer: disposer, arranger; *composer les yeux*: fermer les paupières d'un mort, 391.

confit: accompli, parfait; *confits en cruautez:* passés maîtres dans l'art d'accomplir des actes sanguinaires, assassins confirmés, meurtriers professionnels, 2186.

confort: consolation, joie, réconfort, 1648.

conforter: réconforter, 499; consoler, 624.

conseil: décision, 1544.

conserver: sauver, 722.

consommer: consumer, 271, 823; réduire en cendres, brûler, 1326, 1335; détruire, 1887, affaiblir, exténuer, 652; *faire consommer:* faire dépérir, 862.

constamment: avec constance, avec fermeté, avec courage, 1896.

constance: fermeté, courage, 1607.

content: satisfait, sans désir, qui se contente de son sort, 1784.

contester: discuter, 1071.

contournement: cercle, 2074.

contraindre: violenter, 835, 853; presser, venir à bout de, 858.

contremont ou contre-mont: *pieds contre-mont:* à l'envers, sens dessus-dessous, la tête ou le faîte en bas, 23, 2388, 2510; *la face contre-mont:* le visage tourné vers le haut, 2589.

couard: lâche, peureux, 1503.

courage: cœur, 317, 715, 1428, 1917, 2103, 2535; orgueil, fierté, 713, 1009; détermination, volonté, obstination, 1620; sentiment, 2364.

coustau: coteau, 1288, 1875.

coy: calme, tranquille, 494, 1835.

crespelé: à la chevelure bouclée, frisée, 302.

crineux: chevelu; *estoile crineuse*: astre chevelu, comète, 1517.

criniere: chevelure, 2587.

cruel: d'une cruauté sanguinaire, 407, 615, 957; impitoyable, sanguinaire, assoiffé de sang, *par personnification du tombeau,* 2162; d'une barbarie sadique, 825; *sens moderne*, 787, 802, 2172.

cuider: penser, 1413; croire, s'imaginer à tort, 340; essayer de, 901, 2581.

cure: soin, 353; souci, préoccupation, 115, 1937; *terme d'affection,* 1037.

dam: dommage, malheur, perte, 380.

dard: arme de jet, javelot, 223, 987, 1351.

darder: lancer, projeter, 763, 1828, 1469; viser, blesser, 1742; *se* darder: s'élancer, 37.

debile: faible, 88.

debiliter: affaiblir, 310.

decamper: quitter ou lever le camp, 448.

deceler: *deceler quelqu'un:* découvrir son stratagème, 703; découvrir, révéler, 873.

deceptif, -ive: trompeur, -euse, 2571.

decevoir: tromper, 462, 2273, 2332, 2566.

déconfit: défait, vaincu, 760.

dedagner: dédaigner, 425.

defaut: manque, 280.

deformé: défiguré, enlaidi, méconnaissable, 651.

dégraver: ouvrir *la pierre tombale*, 982.

degrez: marches d'escalier, 540.

dehaché: coupé en morceaux, fendu, brisé, 1940.

dehacher: assassiner, 2275.

deïté: *métonymie pour désigner les dieux,* 718.

deliberé: décidé, résolu; *de propos deliberé:* à dessein, *Argument.*

delivre: *adjectif*, libéré, 1373.

delivrer: livrer, remettre, 849, 851.

demarcher: se déplacer, marcher, 668, 2482.

démarer: prendre la mer, 1526.

demeure: retard, 1513.

demeurer: s'attarder, 1105.

Démon: divinité *(cf. grec* δαίμων*); pris en mauvaise part,* divinité malfaisante, 2241.

departir: partager, répartir, 290, 1170.

depescher: se dépêcher, 656, 850.

deplorable: digne de pleurs, de plaintes, 1085.

derechef: de nouveau, 640, 2250, 2557, 2560.

desancrer: lever l'ancre, 2118.

desastre: malheur, *dû par exemple à une mauvaise conjonction des astres*, 4, 349, 352, 1731, 2268; qui annonce un malheur, 644.

desastreux: malheureux, *par suite d'une position défavorable des astres,* 1249.

desbordé, -ée: qui ne se contient pas, qu'on ne peut retenir, incontrôlé, 2560.

desemparer: abandonner *un lieu,* 875.

desestimer: mépriser, bafouer, 1378.

desolé, -ee (*pluriel desolez*): abandonné, déserté, 2374.

despit: colère, haine, 1909.

despiteux: cruel, inhumain, méprisant, sans pitié, 1695.

branches recouvertes de neige), 136.

enfieler: aggraver, empoisonner, envenimer, 1960.

enflamber: enflammer, 1803.

engendreur: père, 1496.

ennui ou ennuy: douleur très vive, torture profonde et continue, 263, 1965, 1966, 2405.

ennuyeux: qui tourmente violemment, 588, 1375, 1720.

enorme: qui échappe à la norme, incroyable, inimaginable, inouï, 742.

enquerir: demander, 840.

ensaigner: ensanglanter, 2516.

enseigner: indiquer, 2326.

ensepulturer: inhumer, 104.

entendre: se préoccuper de, porter son attention à, 943; écouter avec attention, suivre les avis de, 1509; obéir, 1606; *au sens moderne:* entendre, 1601, 1602.

entendu: attentif, 903.

entourner: entouré, ceint, 457.

envieilli, -ie: ancien, enraciné, invétéré, 2639.

errer: voyager, 20; marcher, se déplacer, 266, 436; *proche du sens moderne,* 821, 2484.

és: en les, dans les, 1344.

esbatemens: ébats, 484.

esbatre: réjouir, 2490.

escarbouiller: écraser, 1007.

escarté: éloigné, 2221.

escarter: exiler, 796.

esclairer: luire, 1700.

esclandre: malheur, 145, 208, 1608, 208, 1228, 1821, 2386, 2622.

esjouir (s'): se réjouir, 1447.

esloigner: *transitif,* s'éloigner de, 2211.

esmeu, -euë: poussé (e), mis (e) en mouvement, 57, 1751.

esmoy: vive souffrance, poignant chagrin, 1576.

espaissis: rassemblés, serrés, compacts, 1896.

espandre: disperser, 752; répandre, 2621.

espoinct: *participe passé du verbe espoindre*, accablé, atteint, blessé, souffrant vivement, 2020.

espoindre: tourmenter vivement, affliger profondément, faire souffrir, 1813; exciter, attiser, animer, 2629.

esprit: souffle, soupir, 1339; souffle, âme, 392; *esprits*: pensée, imagination, 679, 924.

esteindre: tuer, 2326.

estomach: poitrine, 559, 1460.

estonner: faire retentir un son éclatant, aussi puissant que le tonnerre, *Poème liminaire de Ronsard* (vers7); *s'estonner* que: rester stupéfait devant le fait que, 33; *estonné*: *sens figuré,* frappé comme par le tonnerre ou la foudre, 507.

estouper: fermer, boucher, 1304; étouffer, 544.

estrange: étranger, 422, 1594; extraordinaire, hors du commun, monstrueux, 815.

esvertuer (s'): voir *évertuer (s')*.

et: hé! 967, 2173; *et quoy*: hé! quoi? 887; *et bien*: hé! bien, 929.

eventer: mettre à l'air, découvrir, 922.

évertuer (s'): faire de grands efforts, se mouvoir avec énergie, 338; déployer toutes ses forces, faire tout son possible, 1120; se débattre désespérément, 2583; s'acharner, 2463.

excité: mis en mouvement, agité, réveillé, 463.

execrable: haïssable, digne de la haine des dieux, 46, 446, 1933; barbare, cruel, monstrueux, condamné par les dieux, impie, 1452, 1544; maudit, 2256, 2466.

execré: maudit, 2273.

execrer: maudire en lançant des imprécations, 2255.

exercite: armée, 2058.

exploiter: accomplir, 1386.

faict ou fait: haut fait, 2488; exploit guerrier, 1386; forfait, 2449; crime, 1435, 1806.

failli, -ie: *participe passé du verbe* faillir: manquer, faire défaut, 2640.

fait: *voir faict*.

fallacieux: trompeur, 472; apparent, sans consistance, insaisissable, 662.

fameux, -euse: glorieux, -euse, 423, 689, 1723, 1869, 2045.

fard: manège trompeur, 2578.

farder: déguiser, masquer, 2361.

faulser: forcer *les portes (d'une prison)*, 1360.

faut: *présent de l'indicatif de* faillir: manquer; *le cœur me faut*: le courage me lâche, 913; *qui ne faut*: qui ne se dérobe pas, 2414.

faute: manque; *avoir faute:* manquer, 105.

faux: sans consistance (*ou* perfide?), 555; menteur, trompeur, 2182, 2308; parjure, 2633.

feintise: tromperie, feinte, stratagème, 2575.

felon: perfide, traître, méchant, cruel, 19; féroce, sauvage, 1906; d'une cruauté monstrueuse, 1807; ingrat, 1630.

felonnie: cruauté, perfidie, 1930; audace, insolence, *vis-à-vis d'un supérieur*, 1490.

fendre: se fendre, 1851.

ferir: frapper, 223.

ferme: sûr, à quoi l'on peut se fier, 2320; arrêté, fixe, immobile, 1283.

ferut: *troisième personne du singulier du passé simple de l'indicatif du verbe* ferir.

fiance: confiance, engagement, promesse, 2444.

fier: cruel, féroce, digne d'une bête sauvage, 1810, 2591, 2604; redoutable, 2246.

finement: adroitement, par la ruse, *Argument.*

flateux: doux, agréable, 647.

fluctueux:, -euse: battu par les flots, 2195.

forcenant, -ante: *adjectif,* furieux, déchaîné, 175; insensé, fou, 2595; *participe présent du verbe* forcener, 2248.

forcener: devenir fou, 2248.

forcer: faire violence; forcer une jeune fille de son honneur, la violer, 1635.

forfait: crime; sacrilège, 1889, 2081; crime monstrueux, qui fait horreur, 1396.

forfaiture: crime, forfait, 1829.

fors: sauf, 1717.

fouteau: hêtre, 1881.

foy: fidélité, respect des promesses, 2299, 2335, 2365, 2368.

franc, -che: libre, affranchi, 1212; délivré (e), 1351, 1375; exempt, 1781; décidé, 2107.

franchement: librement, sans opposer de résistance, *Argument*, 2134.

franchir: traverser, affronter *un danger*, 807.

franchise: liberté *ou* espace de liberté, 86.

fraude: ruse, tromperie, 402, 454, 898, 1068, 2301, 2440, 2447.

frauder: voler, dérober, 1313.

frauduleux: trompeur, traître, 2179.

fureur: très forte colère, 1813; rage, 1834; folie furieuse, rage criminelle, 341; cruauté, 968; folie guerrière, 552; acharnement au combat, 983; violence incontrôlée, barbarie, 612; folie imaginative, 680; colère aveugle, irraisonnée, mais momentanée, 712; caractère violent, ardeur excessive, 1398.

furieux, -euse: en proie à une forte colère, 1900; dominé par la folie ou la rage, 76, 2251; animé par la rage de tuer, 1420; en proie au délire prophétique, 56.

gachy: écrasé, 1940.

garantir: protéger, 616.

garder: préserver, 973.

gemissable: qui éclate sous forme de gémissements, 259.

gemmeux: qui regorge de pierres précieuses, 2046.

gendarme: soldat, guerrier, 418, 1866, 2176.

genereux: noble, courageux, 663, 729; d'un courage digne d'une haute naissance, 1663;

magnanime, clément, accessible à la pitié, 1589.

geniteur: père, 327, 666, 2112.

geniture: descendance, enfants, 53.

gentil, -ille: noble, 758.

germain: frère, *plus précisément* né des mêmes parents; *employé comme adjectif épithète de* frere, 619, 1956.

gesner: torturer, 856, 1712, 1744.

geste: exploit, prouesse, 1444.

giron: sein, 599, 1257.

globeux: en forme de globe: *globeux sejour*: globe terrestre, 1211.

gratifier: faire plaisir à, complaire à, donner satisfaction à, 1392; favoriser, être favorable à, 1584.

gravois: sol ou rivage caillouteux, 1096, 2234.

grief, -eve: pénible, 909; grave, 1829.

guarir: guérir, 2499.

guerdon: salaire; châtiment, 2614.

guerdonner: récompenser, 1550.

haineur: ennemi, 2079.

haineux: ennemi, 1482.

halenee: senteur, 1149.

haras: troupeau, 778.

hasard: voir *hazard*.

hasarder: *voir hazarder*.

hasardeux: victime du sort, 388.

hausser: monter, 2073.

hazard: risque, péril, 1167; coup du sort, événement inattendu, 1415; *assimilé à la Fortune*, 1368.

hazarder: hazarder de + *infinitif*: oser, avoir l'audace de, 2401; se *hazarder*: prendre des risques, risquer sa vie, 405; se risquer, s'engager, 2498.

hecatombe: sacrifice de cent bœufs, 1553.

heur: bonheur, 2372.

honneste: honorable, conforme à la morale, aux bonnes mœurs; *honneste honte:* pudeur, 2093.

honnestement: honorablement, conformément aux bonnes mœurs, 2154.

horreur: sentiment d'effroi d'origine religieuse, 984; objet effrayant qui fait hérisser les cheveux; sentiment de crainte qui provoque des frissons, 1262, 2087; acte horrible, monstrueux, qui défie les lois morales ou religieuses, 323, 551, 748, 1452, 1817; crime affreux, 2176; crime abominable, qui souille celui qui le commet, 1598.

horrible: monstrueux, 644; monstrueux et condamné par les dieux, 2491; d'une cruauté inconcevable et sacrilège, 1806, 1933; effrayant et surnaturel, 1290; inouï, inconcevable, 2520; *en parlant de malheurs*, 2188; dont la barbarie défie l'imagination, 852, 954; *au sens moderne*, 999.

horriblement: en provoquant un effroi physique ou religieux, 198, 1294.

hostelage: hospitalité, 2230.

hostelier: hospitalier, garant des lois de l'hospitalité, 2281.

hostie: victime, 1566, 1670.

hûler: pousser des cris, hurler, 2257.

humeur: larmes, 371.

humide: liquide, 218.

hymenean: qui recherche l'hymen, 343.

idee: image, représentation, 594.

imbecile: faible, 780.

impassible: qui ne souffre pas, qui ne peut souffrir, 964.

impatient: qui supporte difficilement la douleur, 2009.

impiteux: impitoyable, 523, 572, 1728.

impudique: qui se livre à la luxure ou qui commet l'adultère, 331.

incontinent: immédiatement, *Argument*; sans tarder, bientôt, 777.

infame: déshonorant, 438; maudit, 754; qui mérite la pire des réputations, 2277.

infecter: souiller, 438.

infet: infect, abject, 2534.

infructueux: qui ne porte pas de fruits *(au sens concret)*, 1156.

inhospitable: inhospitalier, 822.

injure: injustice; offense subie, crime dont on est victime, 1830, 2327, 2610, 2613.

injurieux: injuste, criminel, 1456, 2229.

ire: colère, *Dédicace*, 2472; frénésie guerrière, 2542.

ja: déjà, 1109, 1111.

jasard, -arde: bavard, 2507.

journal: *adjectif*, diurne; *appliqué au soleil:* qui donne la lumière du jour, qui éclaire, 1218.

labeur: exploit glorieux et qui a coûté de la peine, 1858.

lairray: laisserai, 2069.

lairrez: laisserez, 516, 991, 1119.

lambris: plafond, voûte, 38.

lamentable: digne de pitié, de pleurs, 69; digne de lamentations, de plaintes, 261, 1818; qui s'exprime sous forme de lamentations, 203; *cris lamentables:* cris de deuil et de douleur, 233; qui est source de lamentations, 519.

lamenter: se plaindre, 2398; se plaindre de, 126, 150; pleurer *un mort*, 211; pleurer *un malheur*, 1823; faire entendre des lamentations, 1724, 2169; exprimer sa douleur par des gémissements, 1988.

langueur: chagrin, malheur, 647, 1245, 1634.

languir: s'affaiblir, souffrir, 1108.

larmoyer: verser des larmes, *sans idée dépréciative*, 2158.

larval, -ale: où demeurent les larves (*spectres, fantômes*), 740, 2216.

las: hélas, 73, 93, 153, 621, 635, 699, 713, 755, 943, 953, 997, 1089, 1109, 1275, 1579, 1587, 1597, 1870, 1937, 1982, 2003, 2065, 2273, 2384, 2391, 2581, 2623.

libre: non attaché, sans liens, 2135.

lieu: *en son lieu:* au lieu de cela, 931.

los: gloire, 1313, 1980.

louanges: exploits glorieux, dignes d'éloges, 1593, 1094.

lustrer (se): reluire, laisser paraître de l'éclat, briller d'un pur éclat, s'illuminer, 2096.

magnanime: qui fait preuve de grandeur d'âme, courageux, *Argument*, 790, 1127, 1445, 1632, 1913, 2106, 2643.

mais: plutôt, 1817, 1818.

majeurs: ancêtres, 1046.

mal: *à vostre mal:* pour votre malheur, 797.

malefice: méfait, 2279.

malencontre: malheur, 879.

malencontreux: malheureux, qui apporte *ou* connaît le malheur, 126, 1250.

malheureux: qui provoque le malheur, 456.

malice: méchanceté, 742, 1069, 2447.

malignité: méchanceté, *Dédicace*.

mander: demander, ordonner, 2059.

manes: âme d'un mort, 694.

manoir: demeure, 1274, 1556.

marinier, -ere: marin, -ine, 2100.

marira: mariera, 374.

marrisson: douleur, tristesse, 2025.

martyrer: martyriser, 1994.

massacreuse: qui se complaît aux massacres, 2173.

mechant: mauvais, qui cause le malheur; *mechant destin:* destin malheureux, 1179; misérable, sans valeur, 1492.

mechef: malheur, 879, 2054, 2249.

mecheron: petite mèche, 784.

menacer: *construit avec un objet direct représentant le contenu de la menace (et non pas la personne menacée),* 1517.

merci: pitié; *requerir merci*: implorer la pitié, 1619; *demander merci*: demander pardon, 1424.

meurtrir: tuer, *Argument;* 73, 523, 722, 993, 1000, 1004, 1095, 1836, 1951, 2048, 2214, 2231.

mignarder: cajoler, 1863, 2575; entourer de tendresse, choyer, 2656.

mignotises: cajoleries, 2576.

ministre: serviteur, 2218.

moissonner: piller, dévaster, 1093, 1760; anéantir, 1301.

oreiller: faire tendre l'oreille à, faire entendre un chant à, 1223.

ores: maintenant, 23, 1013, 1228, 1479, 1827.

ouïr ou ouyr: entendre, 122, 1626, 2423, 2314.

ourdir: inventer, imaginer, machiner, 742; causer, faire naître, provoquer, susciter, *par exemple un sentiment*, 2608.

outrage: blessure, 196; mauvais traitements, violence, sévices, 973, 1541, 2515, 2590, 2617; faire outrage: blesser, 1693, piller, ravager, 2376; faire cet outrage: massacrer de cette façon, 2239.

outrageant: *adjectif*, malfaisant, terrible, excessif, violent, 359; *participe présent: voir* outrager.

outrager: blesser, maltraiter, accabler de coups, 2593.

outrageux, -euse: violent, terrible, 604, 1911; violent à l'excès, 1425, 1506; déchaîné, 2286; fortement désagréable, 1255.

outré: endommagé, 243.

outrer: outrager, maltraiter, bafouer, 2310.

ouyr: *comme ouïr*.

oye, oyez: *voir ouïr*.

pais: *première personne du singulier du présent de l'indicatif de paistre*: de *larmes je me pais*: je me repais de larmes, 1843.

par: à par: *à par soy:* de son côté, tout seul, pour lui, en lui-même, 1919; *retraite à par moy:* retirée en moi-même, 1847.

part: lieu, 818, 1165, 1968.

partement: départ, *Argument*, 2182.

pasmé, -ee: évanoui (e), 441.

pasmer: se sentir mal, se trouver au bord de l'évanouissement, 598.

passion: souffrance, *Dédicace*, 803, 2005.

patience: résignation, acceptation de la souffrance, courage, 2615.

pavillon: tente, 2598.

1-pendant: se suspendant, 620.

2-pendant: ce pendant: pendant ce temps, 477; entre-temps, 2565; *ce pendant que*: pendant que, 2578.

pensement: pensée, souci, préoccupation, 1848; idée, présence d'esprit, 2153.

Pergames: citadelles, *en parlant des tours, des remparts et des fortifications de Troie*, 1421, 2555.

perruque: chevelure, 44, 85, 181; feuillage, 1884.

peste: fléau, 921, 1192, 1192, 2468.

pesteux: qui cause des catastrophes, 1752.

pieté: piété filiale, 1578.

piteux: *sens objectif:* digne de pitié, *sans connotation péjorative*, 725, 889, 2268; *sens subjectif:* capable d'éprouver de la pitié, sensible à la pitié, qui éprouve de la pitié, 1852.

pitiez: situations ou événements propres à faire naître la pitié, 1846.

pitoyable: enclin à la pitié, 1012; qui se laisse gagner par la pitié, 1018; qui témoigne d'un sentiment de pitié, 1918; digne de pitié, 2051, 2579.

plaindre: se plaindre, s'affliger, 365, 1603.

plomber: frapper violemment, au risque de blesser, 2247.

plorer: pleurer, 581, 1076, 1651, 1915.

poignant, -ante: perçant, 2591; qui pique, qui provoque une vive douleur: *en parlant d'une arme qui s'enfonce dans le corps en faisant souffrir*, 2149.

poil: chevelure, 699.

poinçonner: émouvoir fortement, 1575.

poindre: piquer, faire âprement souffrir, 1365.

poissé: enduit de poix, 1140, 2546.

police: ensemble des règles politiques, sociales et morales, 1927.

polu ou pollu: souillé, 2114, 2183.

populace: *masculin*, peuple, 2080.

portaux: portails, portes d'une ville fortifiée, 473.

porter: supporter, 356, 897, 1322, 1993, 2663; éprouver, 858, 2385; souffrir, 910; *se porter:* se comporter, 1047, 1581.

poudre: poussière, 164, 414, 689.

poudreux: poussiéreux, 398.

poudroyer: réduire en poussière, pulvériser, 2558.

pource que: parce que, 2029.

poursuivi, ie: pressant (e), imminent (e), 701.

pourtant: pour autant, 351, 2069.

premïer: récompenser, 1265.

presse: foule, 1866; *faire presse à quelqu'un:* se presser en foule autour de lui, 2352.

pressé: serré, compact, 2094; poussé, poursuivi, 2102.

preux: brave, courageux, 833, 1571, 2048, 2117; *employé comme substantif*, 2254.

prins: *participe passé du verbe prendre*, *Argument*; 240.

priser: marquer de l'estime pour, admirer, faire l'éloge de, 2106.

prochain: voisin, 2658.

profette: prophétique, 350.

propiciable: agréable, favorable, 2116.

propicier: tenter de se concilier, de se rendre propices, favorables (*les dieux*), 1923.

prosperer: être favorable, 1023.

proüesse: vaillance, 1473, 2119.

province: royaume, 286.

prudemment: sagement, raisonnablement, 2429.

prudent: sage, avisé, 1513, 1717; prévoyant, 2553.

pucelle: jeune fille vierge, 1450, 1677, 2132, 2257.

pudicité: pudeur, chasteté, honneur, 1658.

quel: *quel quel soit cest esclandre:* quel que soit ce malheur, 1821.

quelquefois: un jour, 2626.

querir: chercher, 2440.

qui: *pronom interrogatif neutre:* qu'est-ce qui? 924, 1286.

raboteux: inégal, dont la surface n'est pas plane, 1137.

race: peuple, famille, descendance, 322, 438, 757, 2079; lignée, 2475; enfants, 2524; peuple, patrie, 657; dynastie, famille royale, 665, 1014, 1494, 1497, 1662.

radieux: rayonnant, 1645, 2306.

raisonner: *transitif: raisonner quelque chose*: y réfléchir *ou* tenir un discours réfléchi sur quelque chose, 770.

ramasser: réunir en masse, *Argument*, 752.

rancœur: haine, 1591, 1911; haine accompagnée d'un violent désir de vengeance, 2290, 2519, 2608.

rassis: solide; sain d'esprit, serein; calme, ferme, 1895; de *sang rassis*, de sang froid, 1595.

rayer: rayonner, 1288.

rebours: *au rebours:* au contraire, 1982.

rechanter: chanter sans cesse, 204, 1158; chanter à plusieurs reprises, 1221; renvoyer l'écho, 2508.

rechef (de): voir *derechef*.

recheoir: retomber, 1316.

recheut: *passé simple de recheoir*.

reclamer: invoquer, 2335; *reclamer à:* invoquer en criant, 1116; *se reclamer à:* invoquer, supplier, prier en poussant des cris, 515; implorer, 1731.

recoy: repos, 493.

recraindre: craindre sans cesse et fortement, 760.

reculer: éloigner, 2375.

redonder: retomber, rejaillir, 1438.

redresser: rebâtir, remettre debout, 673.

refuir: reculer avec force, se débattre et refuser d'avancer, 729; fuir, se détourner de, 2339;

regret: lamentation, 2266.

relaisser: rendre, 1600; laisser à l'écart, abandonner, 2597.

relant, -e: qui dégage une odeur nauséabonde, 982.

reliques: restes, cendres *des morts*, 397, 979; restes, vestiges *d'une ville ruinée*, 1888.

remarquer: rechercher les marques de, 2265.

rempli, -ie: comblé, -ée, 1585.

rengreger: aggraver, augmenter, 556, 1664.

reparer (se): remettre en ordre ses vêtements, se rhabiller, 319.

repoindre: faire vivement et constamment souffrir, 444.

requerir: prier, 631; supplier, 1627; exiger 1534; *requerir merci*: implorer la pitié, 1619.

resoudre: dissoudre, anéantir, 690.

retaire: passer sous silence avec obstination, 839.

retenir: réserver, 295.

retors: tordu: *le filet retors des vieux jours*: le fil tordu de la vieillesse, 1735.

retraite: retirée, placée à l'écart, 1847.

revanger: venger, 2205, 2611.

rouër: précipiter, 912.

ruer: précipiter, déplacer avec force, agiter en tous sens, 2584.

saccagement: pillage, *Dédicace*.

sacquer ou saquer: tirer brutalement, 961; tirer, arracher, 2287.

sacré: consacré, 130.

saut: bondit (*présent du verbe saillir*), 506.

scintille: étincelle, 785.

saint: auguste, vénérable, vertueux, 2657.

sein: poitrine, 807, 859.

sejour: lieu où l'on demeure, pays, 672, 2554; endroit habité: *globeux sejour:* globe terrestre, 1211; présence, 844; immobilité, 2078.

semblable: *faire le semblable:* faire la même chose, 811, 812.

sembler: *transitif*, ressembler à, 1945.

sentir: ressentir, 1608.

seoir: être assis, siéger, 1640.

separer: ouvrir, fendre, 745.

serf, -ve: esclave, 100, 298, 1035, 1268, 2136, 2506.

service: esclavage, 1634.

servir: être esclave, 615, 1642, 1962.

seurement: en sûreté, 2164.

si: pourtant, 758, 925, 1967; si que: si bien que, 691, 785, 1945; *adverbe d'affirmation venant après une question qui comporte une négation et reprenant le verbe de l'interrogation précédente*, 1442.

siecle: époque, génération, 2308.

soin ou soing: souci, 1248; de *cela n'ayez soin*: ne vous inquiétez pas de cela, 2413.

solicitude: souci, chagrin, inquiétude, 1714.

sommeilleux: qui apporte le sommeil, la mort, 381.

sonnant: bruyant; *en parlant du feu:* qui crépite avec fracas, 855.

souci ou soucy: soin, préoccupation, objet de tendres soins: *en parlant d'un enfant,* 714, 731.

soudard: soldat, 501, 805, 988, 2345, 2541, 2659.

souloir: avoir coutume de, 8, 1410, 2600.

sourci: *lever le sourci:* faire preuve de fierté, 732.

sourcilleux: très élevé, 1767.

souvenance: souvenir, 2415, 2428.

squadron: escadron, 2253.

subjuguer: vaincre, faire passer sous le joug, 1092; dominer, soumettre, 1488.

subvertir: renverser, détruire de fond en comble, anéantir, 1565.

succeder: se passer, connaître un résultat, aboutir, *Argument.*

sucré: agréable à l'oreille, 1209.

superbe: orgueilleux, 3; altier, 1305, 1412, 1913; méprisant, dédaigneux, 1457; majestueux, 35.

sus: allons! 157, 735, 745, 919, 1011, 1041.

tandis: *adverbe*, pendant ce temps, 521.

targue: bouclier, protection, *Dédicace.*

teindoit: teignait, *imparfait du verbe teindre*, 1932.

tempester: abattre soudainement, foudroyer, 2284.

templette: bandelette placée sur la tempe, 303.

terroir: domaine, pays, territoire, 1143.

timide: timoré, craintif, lâche, 1458.

tollir: enlever, supprimer, 1513; ravir, 2638.

tollu: *participe passé de tollir.*

tort: dommage subi, 2205.

tortu, -ue: retors, tortueux, hypocrite, parjure, 2337.

tost: vite, 2464.

touiller (se): se vautrer, 336.

tourbe: foule, 557, 2127, 2155.

tourment: torture, 348, 838, 864, 1664, 1720, 1820; douleur très forte, insupportable, 1987, 2193;

transmis: éloigné, déplacé, transporté, emmené, 2626.

travail: fatigue, 492.

travailler: faire souffrir, 559, 2188; inquiéter, 1098.

travaux: exploits guerriers, difficiles à accomplir, 1979.

trebucher: tomber, s'écrouler, 264, tomber sur le champ de bataille; tomber à la mer, se noyer, 384; faire naufrage, 2191.

tres-accompli, -ie: abondamment pourvu, -ue, 1586.

trespas: mort, 582, 594, 615, 788, 852, 1104, 1628, 2330, 2565; façon de mourir, 2029.

trespassé: *participe passé employé comme adjectif,* mort, 1000,1453, 1472.

trespasser: mourir *(souvent avec idée de passage de la vie à la mort ou de mort vécue),* 88, 345, 534, 1076, 1684, 2529.

trespassez (les): *participe passé pluriel employé comme nom,* les morts, 1447.

triomphé, -ee: vaincu, -ue, 1858.

troupe: groupe, 2355.

tumulte: bruit confus et désordonné, mouvement de foule, contestation, 2126; ensemble de clameurs confuses et turbulentes, émises par une foule excitée, 2511.

ulcere: blessure, 808.

vagabond, -onde: qui s'évade, qui voyage, 2152; qui se déplace, 2223; *en parlant d'un animal,* qui erre à l'état sauvage, 2317.

vague: vaste, immense, illimité, 1443.

vaguer: errer, vagabonder, accomplir un parcours, 424, 496, 679.

vagueux, -euse: agité par les vagues, 1774; submergé par les vagues, 2030.

vaillantise: vaillance, 1469.

val (à): *préposition:* vers le sol, en descendant le long de, 161; au bas de, jusqu'au bas de, 540.

vertu: énergie, courage, 412, 1659, 2491; qualités d'un prince, *notamment* la détermination, la volonté politique, le courage, l'aptitude à commander et à combattre avec énergie et bravoure, 772; *au pluriel,* qualités du guerrier, actes de vaillance, actions honorables et illustres, 1534, 2645.

vestir: revêtir, 2540.

viande: nourriture, 1844.

vieillard: *adj.*, vieux, 1674.

virgeal: de jeune fille, 2114.

vis: escalier tournant, 1893.

vœux: espoirs, 2624.

voire: oui, assurément, tout à fait, bien sûr, 2426.

voise: *subjonctif présent du verbe* aller, 703.

volage: inconstant, sur qui *ou* sur quoi l'on ne peut compter, 6.

volonté: désir, 1177.

volontiers: de bon gré, sans opposer de résistance, 276.

vueil: volonté, désir, 1605.

vuide: *employé comme nom,* espace céleste, 2221; séjour céleste des âmes après la mort, 1346; *employé comme adjectif, vuide de passion*: dénué de passion, 803.

INDEX NOMINUM

Cet index comporte les noms propres et les adjectifs formés sur le même radical

Iolchos: ville de Thessalie, 1153.

Iphigene: Iphigénie, fille d'Agamemnon et de Clytemnestre, 813, 1394.

Itaquois: d'Ithaque, *pour désigner Ulysse*, 968.

Jumeaux (= Gémeaux): constellation (les jumeaux sont les Dioscures, Castor et Pollux, les fils de Zeus et de Léda et les frères d'Hélène), 1790.

Jupin: Jupiter, 1567.

Jupiter: Zeus, roi des dieux, époux d'Héra et fils de Cronos; à la demande de Thétis, il favorise les Troyens tant qu'Achille reste à l'écart du combat; il joue un rôle d'arbitre dans la guerre de Troie: tantôt il agit en faveur des Troyens, tantôt il laisse les autres dieux intervenir comme ils l'entendent; il apparaît dans la pièce de Garnier comme le symbole de la justice, mais aussi de la providence insondable, 79, 102, 252, 351, 1162, 1773, 2037, 2184, 2226, 2280, 2281, 2298, 2469, 2621.

Lachesis: l'une des trois Parques, celle qui distribue les lots du destin et déroule le fil du fuseau, 1366.

Laert: Laërte, père d'Ulysse, 1026.

Laërtien: Ulysse, fils de Laërte, 61, 995.

Laomedon: un des premiers rois de Troie, père de Priam, célèbre pour son ingratitude, puisqu'il n'avait pas versé le salaire convenu à Apollon et Poséidon pour la construction de la muraille de Troie, 27.

Latone: fille du Titan Coios (= Céos) et de la déesse Phébé, fille du Ciel et de la Terre; elle s'unit à Zeus et enfanta à Délos Apollon et Artémis, 1163.

Libyen: 2208.

Manes: Mânes, âmes des morts, 945, 1111, 1546, 2135.

Mars: dieu romain de la guerre: le nom est, dans la pièce, employé pour désigner le dieu grec Arès, qui, dans l'*Iliade*, est du parti des Troyens et les aide au combat, 383, 2473, 2542, 2649.

Massagetes: peuplade scythe, 1810.

Megere: une des trois Furies (les deux autres étant Alecto et Tisiphone), 2217.

Memnon: fils de Tithon et de l'Aurore, neveu de Priam, roi des Ethiopiens; il fut envoyé, à la tête d'une armée, au secours de Troie et fut tué par Achille,1383.

Minerve (=Athéna): déesse de la guerre; elle est du parti des Grecs et protège plus particulièrement Ulysse; elle déteste les Troyens, parce que Pâris ne lui a pas accordé le prix de la beauté; au chant V de l'*Iliade*, elle aide Diomède à combattre Enée et sa rivale

Aphrodite; au chant VIII, on la voit souhaiter ardemment, avec Héra, la mort d'Hector, 476.

Mycenes: cité du Péloponnèse, dont Agamemnon était le roi, 325, 800.

Neptun ou Neptune: dieu de la mer (=Poséidon), il avait construit avec Apollon les fortifications de Troie, 383, 1023, 1921, 2188.

Olympien: désigne *Zeus*, 1831.

Oreste: fils d'Agamemnon et de Clytemnestre; pour venger la mort de son père, il tuera sa mère et l'amant de cette dernière, Egisthe; 341.

Orion: constellation qui se levait après le solstice d'été, causant orages et tempêtes, 1786, 2501.

Orphé ou Orphee: fils de la muse Calliope, époux d'Eurydice, remarquable joueur de lyre, 1223, 1232.

Pallas: autre nom d'*Athéna*, 2430.

Paris (=Pâris): Alexandre, fils de Priam et d'Hécube, second époux d'Hélène de Sparte, meurtrier d'Achille, 60, 1181, 1187, 1204, 1503, 1797.

Parque: divinité de la destinée et de la mort; mort, 94, 440, 1352, 2171. *Les Parques ou Moires sont au nombre de trois: Clotho, qui tient le fuseau et préside à la naissance, Lachésis, qui distribue les lots du destin, tourne le fuseau et dévide le fil, et Atropos, qui le coupe au moment de la mort.*

Patarean: de Patare, ville de Lycie; *épithète d'Apollon*, 428.

Pelasgides: Grecs (les Pélages étaient considérés comme les premiers habitants de la Grèce), 1609; *employé comme adjectif*, 2556.

Pelean: de la famille de Pélée (père d'Achille): Achille, 251; *le jeune Pelean*: le fils d'Achille, Pyrrhus, 76; *le Pelean:* désigne également Pyrrhus, 76, 251, 2109.

Pelian: de Pélée, de la famille de Pélée, père d'Achille, 565, 596.

Pelide: descendant de Pélée; fils de Pélée (Achille), 62; petit-fils de Pélée (Pyrrhus), 81, 1589.

Pelopien, -enne: relatif à Pélops, fils de Tantale, père d'Atrée et de Thyeste et grand-père d'Agamemnon; il s'installa dans le Péloponnèse, où il devint roi; *l'adjectif qualifie la ville d'Argos en* 1157.

Penates: dieux de la maison; *par métonymie*, demeure, maison, 328.

Penee: le Pénée, fleuve de Thessalie, qui coulait dans la vallée de Tempé, 1145.

Penelope: épouse d'Ulysse, 1025.

Penthasilee (=Penthésilée): reine des Amazones, alliée des

BIBLIOGRAPHIE

I - EDITIONS:

A - Robert Garnier:

1) éditions parues du vivant de l'auteur:

La Troade, tragedie de Rob. Garnier, conseiller du Roy et de Monseigneur frere unique de sa Majesté, Lieutenant general Criminel au siege Presidial et Senechaussee du Mayne. A Paris. Par Mamert Patisson Imprimeur du Roy, au logis de Robert Estienne, 1579. Avec privilege.

Les Tragedies de Robert Garnier, conseiller du Roy, et de Monseigneur frere unique de sa Majesté, lieutenant general Criminel au siege Presidial et Senechaussee du Mayne. A Paris. Par Mamert Patisson Imprimeur du Roy, au logis de Robert Estienne, 1580. Avec privilege.

Les Tragedies de Robert Garnier, conseiller du Roy, et de Monseigneur frere unique de sa Majesté, lieutenant general Criminel au siege Presidial et Senechaussee du Mayne. A Paris. Par Mamert Patisson Imprimeur du Roy, au logis de Robert Estienne, 1582. Avec privilege.

Les Tragedies de Robert Garnier, conseiller du Roy, Lieutenant general Criminel au siege Presidial et Senechaussee du Maine; au Roy de France et de Polongne, à Paris. Par Mamert Patisson Imprimeur du Roy, chez Robert Estienne, 1585. Avec privilege.

Les Tragedies de Robert Garnier, conseiller du Roy, Lieutenant general Criminel au siege Presidial et Senechaussee du Maine; au Roy de France et de Polongne. A Tholose (=Toulouse), par Pierre Jagourt, 1588.

2) principales éditions parues depuis 1882:

Robert Garnier: *Les Tragédies*, éditées par W. Fœrster, Heilbronn, Verlag von Gebr. Henninger, 1882-1883, 4 vol. (*Antigone* est placée dans le troisième volume); réédition Genève, Slatkine, 1970.

Robert Garnier : *Œuvres complètes*, éditées par L. Pinvert, Paris, Garnier, 1923, 2 vol.

Œuvres complètes de Robert Garnier, éditées par Raymond Lebègue, Paris, Société Les Belles Lettres, 1949-1974, 4 vol.; *La Troade* figure dans le même volume qu'*Antigone* (1952).

B - Autres auteurs:

Biblia sacra, juxta Vulgatam Clementinam, Romae, Tornaci, Parisiis, Desclée et socii, édit. pont., 1947.

Bochetel (Guillaume), *La Tragedie d'Euripide nommée Hecuba, traduicte de grec en rhythme françoise, dediée au Roy*, Paris, 1544.

Du Bellay (Joachim), *La Deffence et Illustration de la Langue Françoyse*, 1549, éd. H. Chamard, Paris, Didier, 1948; rééd. 1970.

Du Bellay (Joachim), *L'Olive*, 1549-1550, éd. H. Chamard-Y. Bellanger, S.T.F.M., diffusion Nizet, 1989.

Euripide, *Hécube*, texte établi et traduit par Louis Méridier, Paris, Société d'Edition «Les Belles Lettres», 1965.

Euripide, *Iphigénie à Aulis*, éd. H. Weil, Paris, Hachette, 1912.

Euripide, *Les Troyennes,* texte établi et traduit par Léon Parmentier et Henri Grégoire, Paris, Société d'Edition «Les Belles Lettres», 1964.

Filleul (Nicolas), *Achille,* 1563, édité et annoté par J.O. Moses, introduction d'Enea Balmas, dans *La tragédie à l'époque d'Henri II et de Charles IX*, première série, vol. 2, coll. Théâtre français de la Renaissance, dirigée par Enea Balmas et Michel Dassonville, Florence, Leo S. Olschki, et Paris, P.U.F., 1993.

Homère, *Iliade*, éd. P. Mazon et alii, Paris, Société d'Edition «Les Belles Lettres», 1937-1938, 4 vol.

Homère, *Odyssée*, éd. V. Bérard, Paris, Société d'Edition «Les Belles Lettres», 6° éd., 1959.

Horace, *Odes*, in *Œuvres*, éd. F. Plessis et P. Lejay, Paris, Librairie Hachette, 1911.

La Porte (Maurice), *Les Epithetes*, Paris, G. Buon, 1571.

La Taille (Jean de), *De l'Art de la Tragedie, Saül le furieux, La Famine ou Les Gabeonites*, 1572-1573, édition critique par Elliott Forsyth, Paris, Librairie Marcel Didier, 1968.

Ovide, *Métamorphoses*, éd. Frank Justus Miller, Cambridge, Massachusetts, Harvard University Press, et Londres, William Heinemann LTD, 1984, 2 vol.

Pline l'Ancien, *Histoire naturelle*, texte établi, traduit et commenté par J. André, Paris, Société d'Edition «Les Belles Lettres», 1964.

Ronsard, *La Franciade*, dans *Œuvres complètes*, éditées par Jean Céard, Daniel Ménager et Michel Simonin, Paris, Gallimard, Bibliothèque de la Pléiade, 1993, tome I, pp.1011-1159.

Ronsard, *Les Hymnes de 1555*, éd. P. Laumonier, tome VIII des *Œuvres complètes*, troisième tirage revu et augmenté, Paris, Librairie Marcel Didier, 1973.

Ronsard, *Livret de folastries*, 1553, éd. A. Gendre, Le Livre de Poche classique, Paris, Librairie Générale Française, 1993.

Ronsard, *Preface sur la Franciade*, dans *Œuvres complètes*, éditées par Jean Céard, Daniel Ménager et Michel Simonin, Paris, Gallimard, Bibliothèque de la Pléiade, 1993, tome I, pp. 1161-1180.

Ronsard, *Remonstrance au peuple de France*, in *Discours des Misères de ce temps*, éd. P. Laumonier, Paris, Didier, 1973.

Scaliger, *Poetices Libri septem*, Genevae, apud Joannem Crispinum, 1561.

Sénèque, *Tragédies*, texte établi et traduit par Léon Herrmann, Paris, Société d'Edition «Les Belles Lettres», 1928-1982, 2 vol.

Traités de poétique et de rhétorique de la Renaissance, introduction, notice et notes de Francis Goyet, Le Livre de Poche classique, Librairie Générale Française, 1990.

Vauquelin de La Fresnaye (J.), *L'Art poétique*, 1605; éd. G. Pellissier, Paris, Garnier, 1885.

Virgile, *Enéide*, éd. A. Bellessort, Paris, Société d'Edition «Les Belles Lettres», 1925, douzième tirage, 1966, 2 vol.

II - OUVRAGES:

A - Généralités:

E. Faguet, *Essai sur la tragédie française au XVI° siècle*, thèse, Paris, Hachette, 1883, rééd. Paris, Fontemoing et Cie, 1912.

E. Rigal, *Le Théâtre français avant la période classique*, Paris, 1901.

E. Rigal, *De Jodelle à Molière*, Paris, Hachette, 1911.

E. Huguet, *Dictionnaire de la langue française du seizième siècle*, Paris, Champion, 1934.

G. Lanson, *Esquisse d'une histoire de la tragédie française*, New-York, 1920; nouvelle édition, Paris, 1927, rééd. 1954.

R. Lebègue, *La Tragédie française de la Renaissance*, Bruxelles, Office de Publicité, 1944; 2° édition, Paris, S.E.D.E.S., 1954.

H.B. Charlton, *Senecan tradition in Renaissance tragedy*, Manchester, University Press, 1946.

E. Forsyth, *La Tragédie française de Jodelle à Corneille (1553-1640): le thème de la vengeance*, Paris, Nizet, 1962.

J. Morel, *La Tragédie*, Paris, A. Colin, coll. U, 2° éd., 1964.

M. Sakharoff, *Le Héros, sa liberté et son efficacité de Garnier à Rotrou*, Paris, Nizet, 1967.

A.-J. Festugière, *De l'Essence de la tragédie grecque*, Paris, Aubier-Montaigne, 1969.

A.L. Gordon, *Ronsard et la rhétorique*, Genève, Droz, 1970.

J. de Romilly, *Le Temps dans la tragédie grecque*, Paris, Vrin, 1971.

C.-G. Dubois, *Celtes et Gaulois au XVI° siècle: le développement littéraire d'un mythe nationaliste*, Paris, Vrin, 1972.

P. Larthomas, *Le Langage dramatique*, Paris, Armand Colin, 1972.

P. Leblanc, *Les Ecrits théoriques et critiques des années 1540-1561 sur la tragédie*, Paris, Nizet, 1972.

J. Morel, *Littérature française, La Renaissance, III*, pp. 137-167, Paris, Arthaud, 1973.

C. Federici, *Réalisme et dramaturgie. Etude de quatre écrivains: Garnier, Hardy, Rotrou, Corneille*, Paris, Nizet, 1974.

D. Stone, *French humanist tragedy. A reassessment*, Manchester University Press, 1974.

F. Charpentier, *Pour une lecture de la tragédie humaniste (Jodelle, Garnier, Montchrestien)*, Saint-Etienne, Publications de l'Université de Saint-Etienne, 1979.

M. Lazard, *Le Théâtre en France au XVI° siècle*, P.U.F., 1980.

M. Pernot, *Les Guerres de religion en France, 1559-1598*, Paris, C.D.U.-S.E.D.E.S., 1987.

D. Crouzet, *Les Guerriers de Dieu: La Violence en France au temps des troubles de religion, vers 1525-vers 1610*, Seyssel, Champ Vallon, coll. Epoques, 1990, 2 vol.

Songes de la Renaissance, textes rassemblés et présentés par Françoise Joukovsky, Paris, Christian Bourgois éditeur, coll. 10/18, 1991.

A. Couprie, *Lire la tragédie*, Paris, Dunod, 1994.

B - Sur Robert Garnier et/ou La Troade*:*

S. Bernage, *Etude sur Robert Garnier*, Paris, Delalain frères, 1880.

H. Chardon, *R. Garnier: sa vie, ses poésies inédites*, R.H. Archives, 1905, rééd. Genève, Slatkine, 1970.

D. Frick, *R. Garnier als barocker Dichter*, Zurich, 1951.

Index des mots de La Troade *de Robert Garnier*, concordance, éd. Quemada, Besançon, Faculté des Lettres et Sciences humaines, 1959.

M.-M. Mouflard, *Robert Garnier, 1545-1590*, La Ferté-Bernard, Bellanger, et La Roche-sur-Yon, Imprimerie Centrale de l'Ouest, 3 vol.: *La Vie*, 1961; *L'Œuvre*, 1963; *Les Sources*, 1964.

G. Jondorf, *Garnier and the techniques of political tragedy*, Cambridge, Griton, 1964-1965.

M. Gras, *Robert Garnier, son art et sa méthode*, Travaux d'Humanisme et Renaissance, Genève, Droz, 1965.

V.C. Barsan, *Garnier and Seneca*, Urbana, University of Illinois Press, 1965.

G. Jondorf, *Robert Garnier and the themes of political tragedy in the sixteenth century*, Cambridge University Press, 1969.

L. Wierenga, La Troade *de Robert Garnier, cosmologie et imagination poétique*, Thèse Groningen, Assen, Van Gorcum, 1970.

J. Holyoake, *A Critical Study of the Tragedies of Robert Garnier (1545-1590)*. American University Studies, Series II Romance Languages and Literature, vol. 57, Peter Lang [New-York, Bern, Frankfurt am Main, Paris]-Peter Lang Publishing, Inc., New-York, 1987.

III - ARTICLES ET RECUEILS D'ARTICLES:

A - Généralités:

G. Lanson, «Etudes sur les origines de la tragédie classique», *Revue d'Histoire Littéraire de la France*, vol.X, Paris, Armand Colin, 1903, pp. 177-231 et 413-436.

R. Lebègue, «La représentation des tragédies au seizième siècle», dans *Mélanges Chamard*, Paris, Nizet, 1951, pp. 199-204.

R. Griffiths, «The Influence of formulary rhetoric upon French Renaissance tragedy», *The Modern Language Review*, 1964, pp. 201-208.

J. Jacquot et alii, *Les Tragédies de Sénèque et le théâtre de la Renaissance*, C.N.R.S., 1964.

Ch. Mazouer, «Les Mythes antiques dans la tragédie française du XVI° siècle», dans *L'Imaginaire du changement en France au XVI° siècle*, éd. Cl. Dubois, Presses Universitaires de Bordeaux, 1984, tome I, pp. 132-161.

Jacques Morel, *Agréables mensonges, Essais sur le théâtre français du XVII° siècle* (recueil d'articles publiés précédemment à des dates diverses), Paris, Klincksieck, 1991.

B - Sur Robert Garnier et/ou La Troade:

F. Gohin, «Le Lyrisme dans les tragédies de Garnier», dans *La Muse française*, 1925, pp. 120-131.

R. Lebègue, «R. Garnier», *Revue des Cours et Conférences*, 1931-1932. (Le dernier des cinq articles a été réimprimé au tome I des *Etudes sur le théâtre français*, Paris, Nizet, 1977).

R. Lebègue, «Notes sur le vocabulaire de Garnier», *Le Français Moderne*. vol. XVII, 1949, pp. 165-181.

L. Wierenga, «*La Troade* et *Les Juifves* de Garnier. Etude de technique dramatique», dans *Neophilologus, LX*, 1971, pp. 375-386.

R. Lebègue, «Tradition et nouveauté dans le théâtre de Robert Garnier», *Actes du colloque Renaissance-Classicisme du Maine*, Paris, Nizet, 1975, pp. 283-289.

J. Emelina, «La Mort dans les tragédies de R. Garnier», *Mélanges Jean Larmat*, Annales de la Faculté des Lettres et Sciences Humaines de Nice, n° 39, 1982; Paris, Les Belles Lettres, 1983, pp. 321-334.

Ch. Mazouer, «La vision tragique de Robert Garnier dans *Hippolyte, La Troade* et *Antigone*», dans *Tragedia e sentimento del tragico nella letteratura francese del Cinquecento*, Studi di Letteratura francese, vol. 232-XVIII, Firenze, Leo Olschki editore, 1990.

J.-D. Beaudin, «Connaissance de l'étymologie et poétique: l'enrichissement de la langue littéraire par réactivation sémantique et remotivation étymologique: l'emploi du mot *trespas* dans trois tragédies de Robert Garnier» dans *Actes du Colloque* Lexique et cognition, Université de Paris IV-Sorbonne, septembre 1994, à paraître (probablement aux Presses de l'Université de Paris-Sorbonne).

J.-D. Beaudin, «Les Formes de la beauté scénique dans le théâtre de Robert Garnier» dans *Actes du colloque* La Scène et la beauté, Université de Paris IV-Sorbonne, mars 1997, à paraître (Paris, Klincksieck, coll. «Histoire du théâtre», dirigée par Patrick Dandrey).

J.-D. Beaudin, «Un cas de latinisation interne du lexique français à la Renaissance: *horreur* et *horrible* dans les tragédies de Robert Garnier» dans *L'Information Grammaticale*, n° 75, octobre 1997.

TABLE DES MATIÈRES

Achevé d'imprimer par Corlet Numéric,
Z.A. Charles Tellier, Condé-en-Normandie (Calvados), en juillet 2018
N° d'impression : 149445 – Dépôt légal : juillet 2018
Imprimé en France